13歳のきみと、戦国時代の「戦」の話をしよう。

房野史典
bouno fuminori

幻冬舎

はじめに

あなたは13歳ですか？

13歳であろうとなかろうと、今こうしてこの本を手に取り、ここまでの何文字かを読んでくださったことに感謝します。本当にありがとうございます。そしてこれからもよろしくお願いします。

大丈夫です。本書は、

〝戦国時代《せんごくじだい》の「戦《いくさ》」をわかりやすく説明した本〟

なので、どんな年齢《ねんれい》の方《かた》にでも読んでいただける内容となっております。

現代語訳《げんだいごやく》でかみくだきまくって、年号《ねんごう》をすっ飛ばしながら、歴史用語にちょっぴり説明を入れた、戦国のストーリーを知ってもらうための解説本。いわゆる**ブッチギリの入門書**ですね。

ピックアップした戦も、有名なものばかり。これから歴史を学ぶ10代の方や、学生時代以降に歴史の知識のアップデートをしていない大人の方にとっては、〝戦国時代の流れ〟を把握《はあく》するのにうってつけの一冊です。
最新の研究にも目を通してるという歴史好きな方は、今すぐ専門書コーナーに走ってください。

さて、この本を手に取ってくれたあなたは、大なり小なり歴史や戦国時代に興味《きょうみ》がある人だと思います。が、中には、「歴史に興味ないけど、知っておいた方がいいかな……という、見上げた向上心」VS.「やっぱ興味ないな……」を、頭の中で戦わせながら、この【はじめに】と対面してる方もおられるでしょう。
そんな人は、本編《ほんぺん》を読む前に、ちょっと聞いてもらってもいいですか。

世の中の人間は2種類に分けることができます。
歴史が好きな人、もしくは興味がある人と、
歴史が嫌いな人、もしくは興味がない人です（もはや4種類になってしまいました）。
嫌い、興味がないの原因には、「年号がウザい」「人の名前の読み方よくわかんない」「出てくる単語ややこしすぎ」などなどたくさんの要素があると思いますが、全部ひっくるめて、「自分には関係のない話」と思えてしまうからじゃないでしょうか。

歴史の話なんて自分には関係ない。信長のことを知らなくても今日もごはんはおいしいし、太閤検地《たいこうけんち》がなんのことかわからなくても明日《あす》はやってくる。

ま、ホントそうですね。

歴史や戦国時代のことを知らなくても、今を生きる分には困《こま》りません。

でもね、関係があったとしたらどうですか？

歴史を知らなかったがために、損《そん》をすることになったらどうでしょう？

生きた時代が違《ちが》っても、置《お》かれた状況《じょうきょう》に共通点があったら？

偉人《いじん》の行動が、現代でも活《い》かせるものだったら？

先の見えない現代。

IT《アイティー》の変革《へんかく》による情報革命《じょうほうかくめい》、自然災害《しぜんさいがい》、パンデミックが同時多発《どうじたはつ》でやってくる状況なんて、これまでの人類の誰一人《だれひとり》として経験していません。

ですが、問題の種類に違いはあれど、**〝終わりの見えない戦乱《せんらん》の世《よ》――戦国時代〟も、まさに先の見えない時代だった**んです。

そんな激ヤバな時代を生き抜いた武将たちのエピソードが、参考にならないわけがありません。

それに、過酷な時代をフルパワーで駆け抜けた彼らは、「あいつ、すげー目立つことやってんじゃん！」とか、「○○が、部下の○○に裏切られただとぉ!?」とか、「なに！　○○と○○が大ゲンカしてる？　この前まで仲良かったはずだろ!?」とか、「ねえねえ！　○○ちゃんがアップしてた情報、ちょっと盛りすぎじゃない？」などなど、現代で言えば、バズることと炎上することしかやってないんです。

そこにあるのは、**失敗も成功もバズりも炎上も書いてある、生きた教科書。**

命を燃やした武将たちのエモい話を知らないなんて、もったいなくないですか？

はい。てな感じで、歴史に興味がない人に向けて書かせてもらいました。

「戦国好きになって！」ではなく「ちょっとだけ知っておくと得《とく》かもよ」という感じですね。

で、このことを誰と一番共有したいかって考えたら……やっぱり10代の人たちだったんです。10代の人たちこそ「先の見えない現代」の主役になっていく存在だから、その想《おも》いもあって、タイトルにまで現れちゃったんですね（もちろんそれより下の年齢の子も、これから生まれてくる子たちも、主役です）。

ではなぜ「13歳」かというと……あまり長くなるといけません。この話は、【おわりに】で話すことにしましょう。

最後に。

「戦《いくさ》」をテーマにしたのは、そこに戦国時代の〝いろいろ〟がつまってるからです。『○○の戦い』のことを説明するには、登場人物、彼らの関係性、なぜ戦うことになったのか、戦いのあとはどうなったのか……を、伝える必要があるので、「戦」を1つ解説すれば、戦闘以外のあらゆるストーリーも見えてくるんですね。


人生は、勝負の連続です。

どんな人も「勝ちたい」けれど、勝ち続けることはできません。たくさん負けることもあるけど、この「負け」が実は大事だったりします。

「勝ち方」からも「負け方」からも学べることがいっぱいある。それを教えてくれるのが「戦」なんです。


それでは、13歳のきみと、これから13歳になるきみと、かつて13歳だったあなたと、戦国時代の「戦」の話をしよう。

目次

三方ヶ原の戦い

長篠の戦い

本能寺の変

織田信長と明智光秀

中国大返し

Column　ちょっとここで話しておきたい

関ヶ原の戦い

戦国時代……って？

パート1

プロローグの中のプロローグ

たとえば、すっごく大好きなマンガがあったとします。

メチャクチャおもしろいから友達にも伝えたいんだけど、いかんせんそのマンガは単行本で30巻超《かんご》え。かなりストーリーが進んじゃってるので、見どころありすぎてどこをどうピックアップしていいのやら……。

そんなとき、あなたならどんなプレゼンの順序をたどりますか？

おそらく、ストーリーが複雑で壮大《そうだい》であったりするほど、まずは設定《せってい》……すなわちそのマンガの**世界観**《せかいかん》から伝えていきますよね。時代はいつで、架空《かくう》の国の話で、そこには当たり前のように魔法《まほう》が存在して……といった具合に。

もしも、最初に世界観を伝えず、

「主人公がさ、３話に１回は龍《りゅう》の化身《けしん》か、aroundthirtyに変身するんだけど、ロスタニア王国でリジェクトされたときだけ情熱的な恋愛《れんあい》をするのよ」

と、知らねぇー単語を並べて地獄《じごく》のキャラ説明をしたならば、相手は鼻水《はなみず》出て終わり。下手《へた》すりゃ憎悪《ぞうお》の感情を向けられるでしょう（興味が湧《わ》く可能性もありますが）。

物語の世界観は、どんなキャラや出来事《できごと》もアリにしてくれる土台《どだい》の部分。

家で言えば土地《とち》。人で言えば骨《ほね》。ピザで言えば生地《きじ》です（鍋《なべ》で言えば鍋です）。

なので、長いストーリーであればあるほど、まずは設定の説明から入った方が、相手からの理解、興味を勝ち取れる……というのは、なんとなくうなずいてもらえますよね（アニメ、映画、ドラマ、お芝居《しばい》、なんにでもあてはまるものだと思ってます）。

と、こんなことを書いたのには理由がありまして、僕にもみなさんに伝えたいお話があるから。

伝えたいお話。それこそが、

戦《せん》国《ごく》時《じ》代《だい》

という物語なんです。

戦国時代の見どころ……いろんなキャラや名シーンをお伝えして、この時代の大まかな流れを知ってほしいと思ってるんですが、もうおわかりの通り、まずお届けしなければならないのは〝世界観〟。

というわけで、なるべくポップに綴《つづ》っていくので、少しだけ付き合ってもらえないでしょうか？　戦国という歴史話《れきしばなし》に。
それでは、了承《りょうしょう》を得たと勝手に解釈《かいしゃく》して、説明を始めたいと思います。
あらためまして、これが『戦国時代』です。

時をさかのぼること４００〜５００年、日本にも国内で戦争やっちゃってる時代がありました。

いきなりざっくりと言ってしまえば、
《槍《やり》や刀《かたな》、甲冑《かっちゅう》（鎧《よろい》や兜《かぶと》）を装備《そうび》した〝武将《ぶしょう》〟たちが、日本各地いろんなところで、すっげー戦ってた時代》
それが、戦国です。
僕たちのご先祖《せんぞ》さまが「わー！」と戦ってた時代が本当にあったんですね。
でも、なぜ戦乱《せんらん》の世になってしまったんでしょう？
このQに対する解答はもちろん用意されていて、
A．もめた。
です。
ではこの「もめた」についてもう少し詳しく説明するために、時計の針《はり》を巻《ま》き戻《もど》します。

大昔、日本の政治ってのは

朝廷《ちょうてい》

ってところが行ってました。

これは、天皇《てんのう》を頂点《ちょうてん》とした、公家《くげ》（貴族《きぞく》だね）たちのいる、言わば〝政府《せいふ》〟です。

ところが、今から1000年くらい前、

武士《ぶし》

と呼ばれる「武器を扱って戦闘《せんとう》やりまっせ」って人たちが登場したことにより、そのシステムがちょいと変わるんです。武士たちは、どんどんどんどん力をつけていき、朝廷に取って代《か》わって政治を行うようになります（平清盛《たいらのきよもり》さんとかね）。

そして、源　頼朝《みなもとのよりとも》さんて人が、

幕府《ばくふ》

という**〝武士の政府〟**を鎌倉《かまくら》に開いちゃって（**鎌倉幕府《かまくらばくふ》**。当時の人たちは『幕府』って単語を使ってないけどね）、頼朝さん自身が、

征夷大将軍《せいいたいしょうぐん》

という、〝武士のトップ〟のお仕事についたもんだから、日本の中央がガラリと変化しちゃう。

カタチの上では、〝**天皇に仕える武士が、日本の政治を任**《まか》**されてる**〟って感じなんで、朝廷の権威《けんい》は残されてます。が、逆に言えば、あるのはブランド力だけ。実質的《じっしつてき》に日本を動かしていく存在が

朝廷→幕府

へと移動し、**武士ファーストの世の中が訪れる**んです。

その後、頼朝さんがつくった「鎌倉幕府」はなくなっちゃうんですが、お次に登場したのが、

室町幕府《むろまちばくふ》**。**

こちらも、足利尊氏《あしかがたかうじ》さんて人が征夷大将軍になった〝**武士の政府**〟で、言ってみれば〝幕府パート2〟です（今度の幕府は、京都《きょうと》がホーム）。

室町幕府は、初代《しょだい》将軍・尊氏さんの頃からいろんな問題を抱えていて、朝廷も北と

南にわかれちゃってるという、波乱含《はらんぶく》みのスタート（**南北朝時代**《なんぼくちょう》）。それでも3代将軍・足利義満《よしみつ》さんのときには幕府も安定して、その後も順調《じゅんちょう》に続いていく……かと思いきや、**6代将軍・足利義教**《よしのり》って人が、赤松《あかまつ》さんて〝守護大名《しゅごだいみょう》〟（あとで説明します）に暗殺《あんさつ》されるという大ハプニングが起きちゃったもんだから、もう室町クライシス。

「あれ？　室町幕府ヤベーんじゃね……？」

という雰囲気《ふんいき》が漂《ただよ》い始め、ついには、

8代将軍・足利義政《よしまさ》のとき、大事件が起こります。

それこそが、〝戦国時代の幕開《まくあ》けイベント〟として有名な、

『応仁《おうにん》の乱《らん》』

なんですね。

さらに事件は止まりません。

『応仁の乱』のスタートから26年後、最近では「ホントはこっちが〝戦国時代の幕開けイベント〟なんじゃね？」と言われている『○○○○』がボッ発するんです。

というわけで、『○○○○』を謎《なぞ》にしたまま、いったん休憩《きゅうけい》。

次パートからは「へー！　そういうことだったのか！」の連続をお届けします。

パート2

で、戦国大名……って？

さて、プロローグの続きです。

前回のおさらいをしながら、そのまま本文にいきますよ。

なんで戦国時代に突入したの？

↓

『応仁《おうにん》の乱《らん》』が起こったから。

↓

それとね……

最近では「ホントはこっちが〝戦国時代の幕開けイベント〟なんじゃね？」と言われている

『明《めい》応《おう》の政《せい》変《へん》』

という、とんでも事件までもがボッ発したからなんですね。

戦乱の世の扉《とびら》を開いた2つの「マジで大もめ事件」。

『応仁の乱』ってのは……

〈山名宗全《やまなそうぜん》さんって人と細川勝元《ほそかわかつもと》さんって人が権力争《けんりょくあらそ》いして、すっごくデカいもめごとになった〉

というもので、

『明応の政変』ってのは……

〈室町幕府《むろまちばくふ》ナンバー2の細川政元《まさもと》って人が、10代将軍《しょうぐん》を追放《ついほう》しちゃったクーデター〉

です（教科書なんかでは、「『応仁の乱』の原因は、将軍の後継者争《こうけいしゃ》い」って説明されてるけど、最近では、後継者争いはあんまり関係ないよってなってます）。

大きな事件が立て続けに起こり、武士のトップであるはずの将軍の力は、グングンしぼんでいきます。

すると、室町幕府はどうなったか？

お祭しの通り、力を失い、終盤《しゅうばん》のジェンガよろしくガッタガタのグッラグラ。

そうなると、各地にお住まいの武士たちは、

「もう幕府は頼《たよ》りになんねえ！　自分の領地《りょうち》（支配する土地）は自分たちで経営《けいえい》していくぞ！」

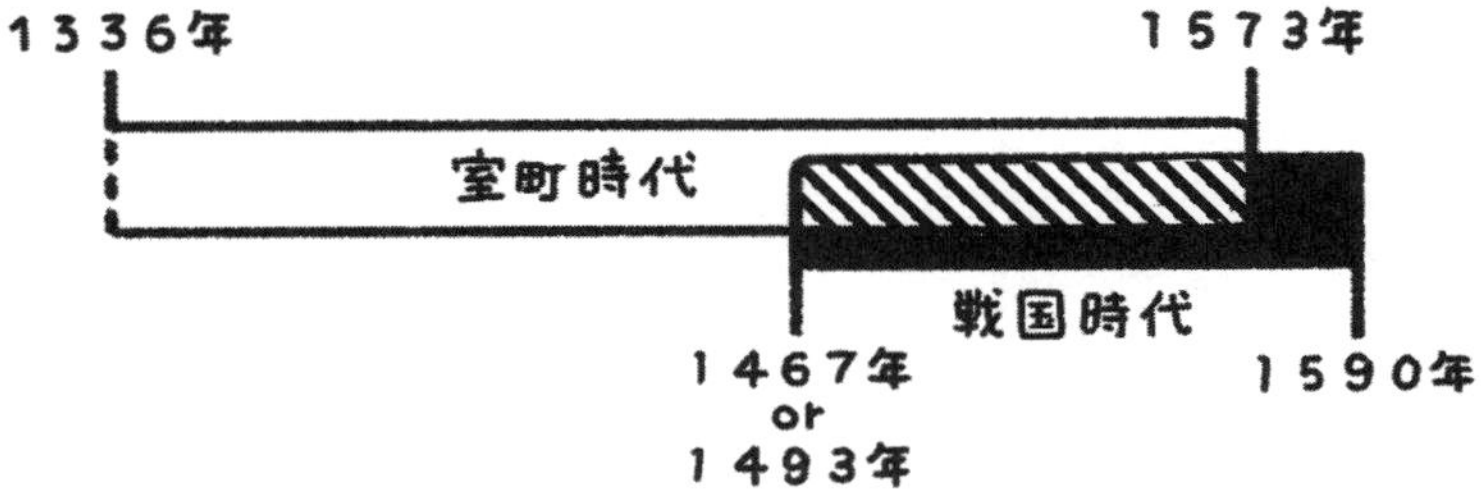

と、それぞれが独自《どくじ》の道を歩み始めるんです。

さらには、**下の地位のやつが上のやつをぶっ倒《たお》す〈下《げ》剋上《こくじょう》〉という〝身分秩序《みぶんちつじょ》の崩壊《ほうかい》〟も起こり**、ついに、

戦《せん》国《ごく》大《だい》名《みょう》

という新たな支配者《しはいしゃ》が生まれ、争いの世の中『戦国時代』がスタートしていったんですね。

お届けしたように、室町幕府が世の中を仕切ってた室町時代の〝途中〟から、戦国時代は始まります。

なので、ここ勘違いしやすいポイントなんですが、〝室町時代が終わって、戦国時代が始まった〟というわけじゃありません。

ヘロヘロになりながらも室町幕府はあったので……

・室町時代……１３３６年～１５７３年（はじまりも終わりも諸説《しょせつ》あり）

・戦国時代……１４６７年（『応仁の乱』）or１４９３

年（『明応の政変』）～1590年（↑終わりにバリバリ諸説あり）

といったように、2つの時代はガッツリとかぶっております。

もちろん、将軍《しょうぐん》も15代まで続いていったし、全国の武士の中では、

「（基本的に）将軍様は偉《えら》いよ！（形の上では）将軍様の言うこと聞かなきゃね！」

という認識《にんしき》がちゃんと残ってるんです。

残ってるんですが、やっぱりそこは本音《ほんね》と建前《たてまえ》というか、実態《じったい》と形式がズレまくっていて……

将軍をお飾《かざ》りにして、幕府の実権《じっけん》を握《にぎ》る武士もいれば、自分の推《お》し足利を将軍にしようと、現・将軍を引きずり降ろそうとする武士もいる。

そのため、10代以降の室町将軍には、

将軍「敵が襲《おそ》ってきた！　ひとまず京都を出るぞ!!」

なんてことがたびたび起こり、政治の中心地・京都に〝将軍不在《ふざい》〟ってのが珍しくないほど、室町幕府はハチャメチャだったのでした（14代将軍にいたっては、一度も京都に入っていません）。

そんな、ハチャグラ幕府と反比例するかのようにキラメキはじめたのが、

戦国大名と呼ばれる、**各地の武将たち**でございます。
武将ってのは、「軍勢《ぐんぜい》をまとめるリーダー」って感じなので、「武士の中でも、すごめの武士」みたいなことですね。ポテチの中でもしょっぱめのポテチってことですね。
それじゃ今度は、『戦国大名』について、ちょっぴり詳しく説明していきましょう。

突然ですが、今と昔じゃ〝地名〟が違う……っていうのは、なんとなくご存知ですよね。

たとえば、
新潟県《にいがたけん》は「越後国《えちごのくに》」
だし、
高知県《こうちけん》は「土佐国《とさのくに》」
みたいに。
でね、昔の地名には〝国〟ってついてることからもわかる通り、**当時の人にとっての〝国〟というのは、その地域のこと**なんです。
「あなたはどこの国の人ですか？」
という質問をされたなら、現代だと
「日本！」「アメリカ！」

と答えるでしょうが、昔の人は
「甲斐国《かいのくに》（山梨県《やまなしけん》）！」「肥後国《ひごのくに》（熊本県《くまもとけん》）！」
と答えたんです（たぶんね）。
なので、ここから記《しる》す〝国〟っていうのは、日本全体のことじゃなく、
国＝地域（例：尾張国《おわりのくに》＝愛知県《あいちけん》西部）。
それを踏《ふ》まえた上で……
鎌倉幕府や室町幕府が、国単位（＝地域ごと）で置いた職業に

守護《しゅご》

ってのがありまして、まずはここからお話しさせてください。

この守護ってのはね、当初、軍事《ぐんじ》的なお仕事や警察《けいさつ》的なお仕事をしてたんで、今でいう〝○○県警《けんけい》のトップ〟みたいなもんだったんです。

ところが、室町時代に入ってしばらくすると、守護の〝お仕事の範囲〟が、大幅《おおはば》に広がっていきます。

幕府から、

幕府「現地の裁判《さいばん》とか、法律関係のお仕事、そういうのもやっちゃってよ」

とか

幕府「んー、税《ぜい》の徴収《ちょうしゅう》もさ、そっちでやっていいよ！」

とか、次々にいろんな権利を与えられ、さらには地元の武士を家臣にしていって、なんだかどんどん守護がカスタマイズされていくんですね。

司法権《しほうけん》、経済力《けいざいりょく》、軍事力《ぐんじりょく》を手に入れ、国の中を〝ちょいと支配〟するようにまでなった守護。

こうなってくると、

「室町時代の守護ってさ、昔よりアップデートされまくって、〝守護バージョン4〟くらいになってるよね？　これ、名前は一緒だけど、鎌倉時代の守護とは、もはや別モノじゃない？」

ということになり、室町時代の〝守護バージョン4〟のことを、

守護大名《しゅごだいみょう》

って呼ぶことにしたんです（『守護大名』は、後世《こうせい》の人がつくった歴史用語ってや

つで、当時の人が言ってたわけじゃないよ)。

そのあとも、守護大名のパワーアップ具合はしゅごくて、室町時代も中盤《ちゅうばん》には、

「室町幕府ってさ、守護大名たちの力で運営《うんえい》されちゃってるね」

というところまで、力が膨《ふく》れあがります（幕府＝守護大名の連合政権《れんごうせいけん》、みたいな）。

国を抱《かか》えて、大きな力を持った守護大名。

しかし、**そこに守護大名はいません。**

これは、お墓の前で泣かないでとか、千《せん》の風になってますとかってことじゃなく、
なんと守護大名、〝自分が担当する国にいない〟ってのが通常営業だったんです。

実は、有力な守護大名は、幕府の政治にも携《たずさ》わっていたので、京都や鎌倉《かまくら》にしょっちゅうお出かけして……というか、ほぼそっちに住んじゃってたんですね。国をいくつも持ってる守護大名もいましたし。

そうなると、国を支配する人が、その国にいませんわね。

だから守護大名は、

守護大名「あ、やば。誰かに頼《たの》まなきゃ、うちの国の経営」

と、シャンプー買い忘れたときのトーンでつぶやき、自分の代わりに国のことをや

ってくれる、〝代理人《だいりにん》〟をたてたのでした。

守護大名の代理人となったのは、親戚《しんせき》か分家《ぶんけ》か重臣《じゅうしん》（えらい家臣《かしん》）。

ほかにも、家臣になった『国衆《くにしゅう》』（このあと説明）なんかに任せたり……と、まぁ要するに、『守護大名』の家臣にあたる誰かが代理をつとめたんです。

んで、この、〝守護大名の代理で国の経営をやった家臣〟のことを

守護代《しゅごだい》

って言ったんですね。

じゃあ、

国衆《くにしゅう》

ってのはなんだい？　って話ですが、『国衆』というのは、もとからその土地に根ざした〝地元の武士〟のことです。

国の中の一部の地域、今で言えば、町や市をたばねる〝町長〟や〝市長〟みたいな武士のことを、国衆と呼んだんです。

地元のプチ支配者《しはいしゃ》『国衆』は、幕府から派遣《はけん》された正統《せいとう》な支配者『守護大名』の家臣になるパターンが多かったんですが、中にはまるで刑事ドラマのように、

国衆「外からやってきたキャリア（国家《こっか》公務員《こうむいん》）に従ってたまるか！　ノンキャリア（地方公務員）にはノンキャリアのやり方ってもんがあるんだ！」

と、守護大名の家臣になることを拒否《きょひ》る国衆もいたのでした。

さ、というわけで、ここまでの肩書きをカンタンに整理しておきましょう。

『守護大名《しゅごだいみょう》』＝幕府から国を任された人（大きさレベル＝都道府県知事）。
『守護代《しゅごだい》』＝守護大名の代理人（都道府県知事《ちじ》の部下）。
『国衆《くにしゅう》』＝地元の武士（大きさレベル＝市区町村長）。

これで、なんとなく当時のシステムをわかっていただけたと思います。

が……‼
これまで説明してきたものが、戦国時代のせいで、
ぜ――――んぶ、ブッ壊《こわ》れます。
で、ブッ壊れてどうなったかは、次回ね！

現代でいう
都道府県知事
守護大名
知事の
部下的
存在
守護代
地元の
市区町
村長の
ような
武士
たち
国衆

パート3
Hello実力者、Goodbye政府関係者

はい、これがプロローグ、すなわち戦国時代についての大まかな説明の最後。
おさらいしときましょう。
『応仁《おうにん》の乱《らん》』やら『明応《めいおう》の政変《せいへん》』やらで戦国時代始まる。
↓
『守護大名《しゅごだいみょう》』『守護代《しゅごだい》』『国衆《くにしゅう》』ってのがいたんだけど、
↓
戦国のせいで、その立ち位置が……
全部ブッ壊れるんですよ。
守護大名とか守護代とかそんなのグッチャグチャのベコボコの国衆グニョングニャ

ンのルールビリッビリ秩序《ちつじょ》ダガドゴ全部ジジジジ……ジジキュ―――ンのパ―――ン！

と、弾《はじ》けたんです。

そして、煙《けむり》がくゆる中、そこに現れた、エネルギーを凝縮《ぎょうしゅく》したような生命体《せいめいたい》こそが、**戦国大名**です。

すでにさんざん出てきましたが、結局のところ『戦国大名』ってなんなのでしょう？　こちら、一言で言ってしまえば、

〝王様〟なんですよ。

もひとつおまけに一言で言うと、**〝独自《どくじ》の力で国《くに》を治めた王様〟**です（独裁とかじゃなく、ね）。

『守護大名』には、幕府《ばくふ》という権力の後《うし》ろ盾《だて》がありました。

それに対して……

幕府によるバックアップのあるなしにかかわらず、

自らの力でオリジナル国家を築《きず》き、

そこに本拠地《ほんきょち》をかまえ、

いーっぱいの国衆を従《したが》え、

おのれの手腕《しゅわん》で家臣《かしん》や領民《りょうみん》をガッツリと統治《とうち》した存在。

もちろん、その支配力は守護大名を上回《うわまわ》る。それが、

『戦国大名』

です（戦国大名には「こうだ！」という定義《ていぎ》がないんですが、基本的にはこんな感じです）。

そして、長々と『守護大名』『守護代』『国衆』の説明をしたのにはわけがありまして、今挙げた3つのどれかが、乱世《らんせ》の世を駆《か》け抜《ぬ》ける『戦国大名』へと進化したからなんですが……。

『守護大名』『守護代』『国衆』、どれが戦国大名になったと思います？

答えは、

全部です。

戦国大名には、
元・守護大名、
元・守護代、
元・国衆、
すべてのパターンが存在するんです（全員戦国大名になれたよバンザーイってこと

じゃありませんよ)。

幕府や守護大名同士がバチバチに争って、乱やら変やらを起こした結果、『守護大名』のパワーはガクンッ! と落ちこみます。

となれば、**頭角《とうかく》をあらわしてくるのが『守護代』です。**

なんてったって、実際に国を動かしていたのは守護代。主人である守護大名が衰《おとろ》えたのなら、実質的な権力を持った守護代が、

「オレが国を統一する!!」

と、立ち上がるのは必然《ひつぜん》。

でも、戦国の下剋上《げこくじょう》はこんなものじゃありません。

『国衆』だってのし上がります。

小さな領地しか持たない国衆も、戦いを繰り返したり、一発逆転《いっぱつぎゃくてん》で強い勢力を破《やぶ》れば、一国を支配するほどの力を持つことになり、

「これからはオレが国のトップだ!!」

と、名乗りをあげることも起きます。

そしてさらに、**『守護大名』も黙《だま》ってません。**

力を失う守護大名がいる一方、以前よりも多くの国衆を家臣にして、領国《りょうごく》の支配強《しはいきょう》化《か》に成功し、そのまま戦国大名へとスライドした守護大名もいたのです。

いくつもの名門家《めいもんけ》が没落《ぼつらく》し、姿をあらわすニュージェネレーション。元の身分は関係なしに、新たなリーダーがズラリと出そろいます（活躍した年代、戦国大名になった時期はバラバラ）。

《守護大名→戦国大名》
・武田《たけだ》信玄《しんげん》
・今川《いまがわ》義元《よしもと》
・島津《しまづ》義久《よしひさ》

《守護代や守護代の家臣→戦国大名》
・織田《おだ》信長《のぶなが》
・上杉《うえすぎ》謙信《けんしん》
・朝倉《あさくら》孝景《たかかげ》

《国衆→戦国大名》
・徳川《とくがわ》家康《いえやす》
・毛利《もうり》元就《もとなり》

・真田《さなだ》昌幸《まさゆき》

《幕府官僚→戦国大名》

・北条早雲《ほうじょうそううん》

《武士以外→戦国大名》

・豊臣秀吉《とよとみひでよし》

・斎藤道三《さいとうどうさん》

ほかにも、まだまだたくさんの戦国大名が、全国各地に出現。

自らの力で国のトップに立った武将とその家臣たちは、合戦《かっせん》で死力《しりょく》を尽《つ》くし、国の政治に心血《しんけつ》を注《そそ》ぎ、家を守るため、民《たみ》を守るため、大きな繁栄《はんえい》を勝ち取るため、長い長い戦いを繰り広げていったのでした。

と、いうわけで、以上が『戦国大名』の解説、そして、戦国時代の〝世界観〟についてでした。

日本の歴史にずーっとあった身分制度が、大きくひっくり返った戦国時代には、庶《しょ**

民《みん》だった豊臣秀吉が日本全国を統一するという奇跡《きせき》まで起こります。

そんな、あまりにも激《はげ》しい時代の中でも、さらに激しさを増すのが、戦国時代の後半。

次章からお届けするのは、戦国時代のターニングポイントとなった、いくつかの大きな出来事です。

それに関係する武将たちと、エピソードの背景を知って、どうか戦国という世の大まかな流れをつかんでください。

最初にお伝えするのは――、

戦国時代に生きる人々をことごとく驚《おどろ》かせた、**あの武将の大逆転劇《だいぎゃくてんげき》**からです。

桶狭間の戦い

パート1

戦国史上最大のバカが起こした
戦国史上最大の大逆転

『おけはざまのたたかい』って、聞いたことあります？

「いや、それくらい知ってるよ」

という反応が、ちょっとムッとしながら返ってくるのを覚悟《かくご》で書いてみたんですが、人によっちゃ少し半ギレになるくらい有名な戦いですよね。

なんでそんなに有名かって、答えはカンタン。時代が流れても歴史の教科書にずーーっと居座《いすわ》ってる戦闘《せんとう》だから、かなりの人が知ってるんです『桶狭間《おけはざま》の戦《たたか》い』って。

でも、教科書にずっとのってるってことは、歴史的にかなり重要な何かがあった……ってことになります。

じゃあ、その〝何か〟は何？　って話ですが、ギュッ！　とすると、

《織田信長《おだのぶなが》（って武将《ぶしょう》）が今川義元《いまがわよしもと》（って武将）を倒《たお》して、みんな驚いた》

って内容。ギュッとするとね。

これだけだと、なぜ重要かがまったくわからないと思うので、もう少し丁寧《ていねい》に、テキトーに概要《がいよう》を説明しますと……

《1560年。まだ駆《か》けだしの織田信長が、ムッチャクチャ強い今川義元を、桶狭間（愛知県《あいちけん》）ってとこで倒すというサプライズが起こっちゃいます。**鮮烈《せんれつ》な全国デビューを果たした信長。**

この戦いで、本人とまわりの運命は大きく変わっていったのでした》

という感じになります。

そう、織田信長のおかげで、その周辺の相関図《そうかんず》がガラッと変わる**大逆転《だいぎゃくてん》バトルだった**から、『桶狭間の戦い』は重要とされてるんですね。

さて、この桶狭間さん。僕と同世代以上（2020年時点のアラフォー以上）の方の中には、

「知ってるよ。今川義元が天下統一《てんかとういつ》を目指《めざ》して京都《きょうと》へ行く途中《とちゅう》に、織田信長を倒そうとした戦いでしょ。で、桶狭間っていうくぼんだところで酒盛《さかも》りしてたら、信長に後

ろから奇襲《きしゅう》でやられたやつだ」

という、大体《だいたい》のストーリーを知ってる方も多いと思います。学校なんかで習ってて。

でも、この大体のストーリー、**大体違います**。

「違う」というと言いすぎですが、最近じゃこのストーリーが正しい可能性は低いって言われてるんです、はい。

それじゃ、本当はどんな戦いだったのか？


では、ここから『桶狭間の戦い』のことを、ちょっとだけ詳しくお話ししていきたいと思います。

ですが、結局知っておいてもらいたいのは、さっきの《1560年。まだ……》の中のことだけ。あとは、ゴチャゴチャうるせーなと思いながら読んでいただいてけっこうです。

では、いきます。『桶狭間の戦い』。

舞台《ぶたい》となるのは、いまの東海《とうかい》地方。主人公は、とうぜん織田信長です。

戦国時代と聞いて、「わたしダメなのよー。アレルギーなのよー」と苦虫《にがむし》かみつぶしてペッとはく人も、この名前だけは知ってるんじゃないでしょうか。と同時に、

「信長ってなんか革命的《かくめいてき》で、強かったんでしょ？」

というイメージをお持ちの方も多いと思いますが、それはまだ先の話。

『桶狭間の戦い』が起こる前の信長は、強くありません。

強くないって言うと、少し語弊《ごへい》がありますね。

「まだ安定した力を持っていなかった」

と言った方がしっくりくるかも。

織田信長の出身は、尾張国《おわりのくに》（愛知県西部）。

お家の「織田家」は、尾張国を治めていた大名……じゃあないんです。

信長の実家《じっか》・織田家は、『守護大名《しゅごだいみょう》』の、家臣《かしん》の『守護代《しゅごだい》』の、家臣だったんです（【戦国時代……って？】の27ページを読んでね）。

現代で言えば、「都道府県知事《とどうふけんちじ》の部下《ぶか》の部下」というのが、信長さん家《ち》のポジションだったんですね（あくまでイメージね）。

つまり織田さんは、その地域に〝王国〟を築《きず》けるような家柄《いえがら》ではなかったんですよ。

ところがどっこい、時は戦国。

身分関係なく、おのれの力と才能だけでのし上がれる時代です。

信長のパパ・信秀《のぶひで》は、グイグイと勢力《せいりょく》を伸《の》ばし、上司《じょうし》たちをしのぐほどの力を手に入れ、

「尾張で一番強ぇーといえば、織田信秀だよ！」

と言われるくらいまでになったんですね。

そんなパパが亡くなり、家督《かとく》（家のトップ）をついだのが織田信長。19歳のころだったと言われてます。

しかしこの信長くん、子どものころからあることで有名なんです。それは、

うつけ。

現代の言葉で言えば、バカ。

上半身裸《じょうはんしんはだか》で友達の肩《かた》に寄りかかり、餅《もち》や瓜《うり》を食べながら町中《まちなか》をうろついたり、お父さんの葬式《そうしき》さえもすっぽかして……と思ってたら、途中からズカズカと入ってきて、お焼香《しょうこう》の粉（抹香《まっこう》）をパパの位牌《いはい》に投げつけたり、と、かなりアグレッシブなバカで名を馳《は》せておりました。

とにかく、そんな信長ですから、

「大うつけ（＝超バカ）だし、まだ全然若いし、ありゃダメだろ」

と、織田家のトップになっても、まわりからはナメられまくり。

しかも、敵からナメられるのはギリわかるんですが、身内まであなどってきたもんだから、ドロ沼状態です。何人かの家臣が

「うつけより、弟さんの方が織田家のトップにふさわしいだろ！」

と、信長の弟・信勝《のぶかつ》と一緒に歯向《はむ》かってきて、てんやわんやのわんやわんや。

中も敵、外も敵、３６０度テキダラケビューだったんですね。

ただ、フタを開けてみれば信長ヤバかった。

パパと同じ、いや、それ以上の実力を持っていたんです。

信長という新時代のカリスマは、弟もまわりの敵もなぎ倒《たお》し、織田家の家臣団《かしんだん》もまとめ上げ、なんと、尾張国《おわりのくに》を〝ほぼほぼ平定《へいてい》〟するまでになったのでした。

これで、やっと胸《むね》を張《は》って、

織田信長《おだのぶなが》「オレが、尾張国の戦国大名だぁ‼」

と言えるようになったところへ、全国トップレベルの超スーパー戦国大名、
今川義元《いまがわよしもと》
が攻めてきちゃうんです。
終わりました。

パート2

桶狭間イブ～織田家最悪前夜～

【桶狭間《おけはざま》の戦《たたか》い】パート2です。

では、前回のおさらい。

昔、尾張《おわり》という国に、織田信長《おだのぶなが》という〝うつけ（超バカ）〟がいましたとさ。

←

しかし、そのうつけ、実はすごいやつ。

←

なんと尾張国をほぼ統一しちゃいます。が……

←

今川義元《いまがわよしもと》というスーパー大名が尾張に攻めてくるらしい……!!

終わりました。

いや、まだ始まってもいませんが、終わったも同然です。

今川義元＝バケモン大名。

尾張国を統一するかしないかという、足元おぼつかない信長に対し、義元が支配する国は3つ。

駿河国《するがのくに》（静岡県《しずおかけん》中部・東部）、遠江国《とおとうみのくに》（静岡県西部）を持ち、三河国《みかわのくに》（愛知《あいち》県《けん》東部）も従《したが》わせてる大大名です。

そんな、**〝海道一《かいどういち》の弓取《ゆみと》り〟（東海道で一番の大名）という異名《いみょう》を持つ義元自身が、大軍を**

ひきつれて尾張国に攻め込《せこ》んでくるというんですから、ヤバいなんてもんじゃありません。いや、ヤバいなんてもんです。

ドラマで言えば——設定は「部活」でも「町工場《まちこうば》」でもなんでもいいんですが、「あんなにバラバラだったチームがやっと一つにまとまった。しかし、喜びもつかの間、新たに巨大《きょだい》な敵が出現……！」という、前半パートのクライマックスシーンみたいなもんが、このときの状況（個人の見解です）。

ただ、ここで1つ注意点。

今川義元は、〝新たな敵〟ではなく、パパ・信秀のころからの、

〝因縁《いんねん》の相手〟

なんですね。

だからね、すでにね、織田と今川って、ちょこちょこ戦ってんの。

でね、パパ・信秀が死んだらね、織田の家臣が信長を裏切ってね、お城ごと今川のほうについちゃってね、いくつかのお城が、今川のものになっちゃったの。具体的には、「鳴海城《なるみじょう》」「大高城《おおだかじょう》」などです。

前回、信長が尾張国を

〝ほぼほぼ平定《へいてい》した〟

と表現したと思うんですが、一部のお城は、今川のものになっちゃってたからなんですね。

となれば、そのお城たちを今川から取り戻《もど》したい信長さん。

奪《うば》われたお城のまわりにいっぱい砦《とりで》（ちっちゃい城）を築いて、そこにいる今川のやつらの行動を監視《かんし》したり封鎖《ふうさ》したり し始めたんです（一応、書いときます。「鳴海城」の近くには、丹下砦《たんげとりで》、善照寺砦《ぜんしょうじとりで》、中島砦《なかしまとりで》。「大高城」の近くには、丸根砦《まるねとりで》、鷲津《わしづ》砦《とりで》。全部で５つ）。

そしたら、

今川義元「織田んとこのうつけのせいで、大高城と鳴海城に兵糧《ひょうろう》（軍隊の食糧）が届かない？　うっとうしい……。全部の砦をぶっこわして、信長もつぶしてやる‼」

と、義元本人が本腰《ほんごし》を入れて、２万～２万５０００という大軍で乗り込んできちゃったのでした。

遅かれ早かれ、こんな状況は訪れていたでしょう。が、とにかく信長が大大ピンチなことに変わりはありません。
あわてふためく織田家では、ホームの**清洲城《きよすじょう》で緊急会議《きんきゅうかいぎ》**が開かれることになるんです。

家臣C「決まってはねーだろ!! 援軍《えんぐん》も見込めないんだから討って出た方がいいに決まってんだろ!!」
家臣B「そりゃおまえ、籠城に決まってんだろ！」
家臣A「どーすんだよおい!! 籠城《ろうじょう》（城にこもって戦う）か⁉ 討《う》って出るか⁉」
家臣B「テメーも決めつけてんじゃねーか!! はぁ⁉」
家臣C「はぁ⁉ はこっちだ!! はぁ⁉」
家臣A「あ、信長さまがこられたぞ！」
家臣B「はぁ⁉ じゃない間違えた……（ははぁー）」
家臣たち「（ははぁー）」
信長「（登場）いやー、最近さぁ……（ペチャクチャペチャクチャ）」
家臣A「ハハハッ……それは大変でしたね……で、籠城……」
信長「さて、と……今日はもう遅い。解散！」
家臣たち「⁉」

信長「(スタスタスタ……)」
家臣A「(去ってゆく信長を見ながら)……お、終わった……会議も……織田も……」

世間話をして会議終了。
すぐそこに今川という恐怖《きょうふ》が迫《せま》ってるのに、信長はなんの作戦も決めません。
みんな
『運が尽《つ》きるときは知恵《ちえ》の鏡《かがみ》もくもる』って言うけど、今がまさにそのときだな！」
と言って、信長をバカにして笑ったそうです。
そして、翌日早朝。

家臣「の、信長さま‼　今川軍が、丸根砦と鷲津砦に攻撃を……‼」

ついに今川軍の攻撃が開始されます。
その報告を聞くやいなや、ガバッ‼　と飛び起きた信長は、
信長「……人間50年〜……下天《げてん》のうちをくらぶれば〜……」
家臣「？？？」

急に、「幸若舞《こうわかまい》」という舞の、お気に入りのプログラム「敦盛《あつもり》」を舞い、

信長「具足《ぐそく》（甲冑《かっちゅう》のことね）を持ってこい!!」

家臣「（え？　え？）」

カシャン！　カシャカシャ！　カシャン！

信長「湯漬《ゆづ》けを！」

ズビッ！　ズビッ！　ジュビビビビビッ……！

甲冑を身につけながら、立ったまま湯漬け（お茶漬けみたいなやつ）を食らったあと、

信長「出陣《しゅつじん》だ」

家臣「え？　え？　え？？？」

馬にまたがり、

信長「ハッ!!」

家臣「行った行った行った!!　出て行っちゃったぞおい!!」

パカラッ！　とお城を飛び出していったんです。

突然の出来事とスピードに、ついていけたのは5人の家臣と200人の兵士くらい。

その後、熱田神宮《あつたじんぐう》で戦勝祈願《せんしょうきがん》をした信長は、砦から砦へと移動し、善照寺砦《ぜんしょうじとりで》ってとこに入ります。

その間に、だんだんと2000〜3000の兵が集まり、ようやく戦闘態勢《せんとうたいせい》が整ったのでした。

よろしいでしょうか。信長のここまでの行動を整理しますよ。

生きるか死ぬかの会議で、なんのアイデアも出さず、敵が攻めてきたら急に踊《おど》り出し、それが終わると、立ったままメシを食って、なんの指示も出さず城を飛び出していった……。

変態《へんたい》です。

変態か天才か紙一重《かみひとえ》の行動ですが、かなり変態よりの変態です。

とにもかくにも、まだまだ織田のピンチは続行中《ぞっこうちゅう》。

信長のもとに兵が集まってるあいだに、攻撃を受けていた丸根砦《まるねとりで》と鷲津砦《わしづとりで》は落とされてしまいます。ちなみに、丸根砦を攻め落としたのは、松平元康《まつだいらもとやす》。このときは今川家の家臣だった、**のちの徳川家康《とくがわいえやす》**です。

そして、ビッグボス今川義元は、どんどん尾張の内部に侵入。

義元は桶狭間山《おけはざまやま》という小高い山に陣《じん》を敷《し》いた（スタンバイした）んですが、もう信長との距離、5キロとありません（おそらく）。

5つの砦のうち2つを落とした今川軍は、ツタが伸びるようなスピードで尾張を侵《しん》食《しょく》していくんです（ツタが伸びるスピードを知りませんけど）。

と、そこへ！

信長の家臣2名が、信長が近くにいるおかげで勇気100倍になって……なのかどうかはいまだに謎なんですが、300ほどの兵をひきつれ、今川の先頭部隊に攻撃をしかけるんです負けます！　**すぐ負けます！　キッチリ負けます！**

結局は、桶狭間山で休憩してる義元が、さらに気分を良くしただけ。

今川軍が落とすべき砦はあと3つ。義元、余裕シャクシャクです。

信長「よし、もうオレがいくわ!!」

信長は、今いる善照寺砦から、桶狭間に近い中島砦《なかしまとりで》へ移動しようとします。が、家臣たちはこれに大反対。

家臣たち「いやいやいや！　こっちの動き丸見えなんすから、人数少ないのバレますて！」

信長「うるせー」

無視です。中島砦へ移動します。で、着いたとたんソッコーで出陣《しゅつじん》しようとする信長。家臣たちは、すがりつきながら大反対。

家臣たち「いやいやいやいやいやいやいや……」

信長「いいか、よく聞けよ!!」

家臣たち「！」

信長「今川のやつらは晩めし食って夜通し歩いて丸根砦と鷲津砦を落とすのに苦労してメッチャクチャ疲《つか》れてんだ！　それにくらべてこっちはぜんぜん元気な兵ばかり！　それにだ。『少ない兵だからといって、たくさんの兵を恐《おそ》れんな。勝《しょう》敗《はい》の運は天にある』ってことを知らねーのか！　敵が攻めてきたら退《ひ》け！　敵が退いたら追え！　何としてでも敵を倒して、追って、崩《くず》せ!!　カンタンなことだ!!　戦いに勝ちさえすりゃ、ここにいるやつ全員末代《まつだい》まで名がとどろくぞ！　ひたすら頑張《がんば》れ！！！」

作戦でもなんでもねー。

野球で言えば「球がきたら打て！　それをホームランにしろ！」と言ってるようなもん。

なにはともあれ、信長は家臣の意見は聞きません。

ただ、「丸根砦と鷲津砦の攻略《こうりゃく》で疲れてる」のは、元康（のちの家康）と、ほかの今川の家臣が率いた部隊です。信長は、桶狭間山にいるのがこの部隊だと思って攻撃してみたのだが、実はそれが義元本隊だった、と言われていたり……。もしくは、ホントは義元たちも砦の攻略にちょこっと参加して疲れてて、信長はそのことを言ってたんじゃないか、と言われてたり……このへん謎《なぞ》です。

信長「いくぞ!!」

というわけで、信長はボルテージ最高潮《さいこうちょう》で出陣《しゅつじん》。

このまま行って勝てるの？　いや勝てるわけねーじゃん！　と、おっさん家臣の何人かは思っていたかもしんない、悲しみの桶狭間。

ところが、

今川の先頭部隊《せんとうぶたい》とぶつかる直前……

空から**奇跡《きせき》が降ってきた**んです。

パート3

空から降る無数の奇跡とそこから得る多数の事績

【桶狭間《おけはざま》の戦《たたか》い】最後のお話となります。おさらい、いくね。

信長《のぶなが》、尾張国《おわりのくに》を統一しかけたら……←

今川義元《いまがわよしもと》が攻めてきて大ピンチ。←

だけど、作戦決めねーし、家臣《かしん》の言うこともまったく聞かない信長。←

しまいには正面突破《しょうめんとっぱ》しようとする信長に、家臣たちは「えー⁉」

↓

しかし、そのとき、空から……

奇跡《きせき》

が、かなりキツめに降《ふ》り注《そそ》ぐんです。

バッ……ババッ……バババババババババババ！！！！

織田軍にとって、幸運すぎる天候急変《てんこうきゅうへん》。

ヤバすぎるにわか雨が、

石か氷かというようなにわか雨が、

近くにあった巨木《きょぼく》を倒すほどの強いにわか雨が、

とにかくすんごい雨が、突然《とつぜん》降り始めたんです（たぶん雹《ひょう》かあられ）。

そんな激《げき》ヤバ暴風雨《ぼうふうう》が、織田軍の背後から追い風のように。今川軍からすれば、

今川軍「痛い痛い痛い痛い痛い痛い……‼」

顔を打ちつけるように降ったもんだから、今川軍はヘロヘロ。

あまりのラッキーに、織田軍のみなさんは、

織田軍「あ……あ……熱田大明神《あつただいみょうじん》のおぼしめしだ‼　参拝《さんぱい》しといてよかった！」

と、沸《わ》き立って震《ふる》えてもう一回沸き立ちます。
やがて、空が晴れたのを確認した信長は、ガッと槍《やり》をつかみ、
大声で叫びます。

信長「かかれぇぇぇぇ‼」

ついに、信長ひきいる織田軍団は、今川軍に真正面《ましょうめん》から突っ込んでいったのでした。

今川軍「あ、晴れた。いやーとんでもない雨だっ……え、敵⁉」

となった今川軍は大慌《おおあわ》て。
数の少ねー織田軍がいきなり攻撃してくるなんて、思いもよらない雨上がりの突進。
対応しきれません。

信長「敵の首は取るなぁ!! 狙《ねら》うは今川義元の首、ただ一つ！！！」

ターゲットは、今川義元のみ。
優先すべきは、個人の手柄《てがら》より織田軍としての勝利。
今川軍は2万以上とお伝えしましたが、それはぜーんぶの部隊をあわせた人数です。
このとき信長が戦いを挑《いど》んだのは、今川義元本隊の3000〜5000。

5000VS.20000ならもしかして……

信長「かかれぇ!! かかれぇぇぇ!!」

信長みずからが先頭に立ったために、織田軍のモチベーションは高く、その勢いに押された今川軍は次第に後退。
先頭部隊が崩れ、後ろになだれ込むと、義元の乗った塗輿《ぬりごし》（おみこしを想像して）を捨てて逃走する者まで現れます。

信長「義元はすぐそこだぁぁ‼　かかれぇぇぇ‼」

織田軍の猛攻《もうこう》は止まりません。

度重《たびかさ》なる突撃《とつげき》に、３００はいた義元の旗本《はたもと》（親衛隊《しんえいたい》）も、50にまでその数を減らします。

両者鬼気迫《ききせま》る熱戦《ねっせん》、乱戦《らんせん》、超接近戦《ちょうせっきんせん》の中、織田軍トップの信長は

信長「ウラァァァァ‼」

なんと馬をおりて、家臣と先を争うように敵をぶっ倒《たお》していくんです。

その勇《いさ》ましさに、興奮《こうふん》する若い家臣たち。

自分たちも信長に続けと、持てる力のすべてを敵にぶつけます。

汗《あせ》と鮮血《せんけつ》をほとばしらせ、何人もの死傷者《ししょうしゃ》を出しながら、〝ターゲット〟に肉薄《にくはく》する織田の軍勢。

狙うは今川義元の首、ただ一つ――。

そしてついに、

グサッ‼

信長家臣・服部一忠《はっとりかずただ》が、今川義元に槍《やり》の一撃をくわえます。
が、しかし、義元の反撃《はんげき》をヒザに受け、倒れこむ服部。
結果から見ると、この一太刀《ひとたち》が、義元最期《さいご》のアクションでした。
次に迫《せま》った毛利良勝《もうりよしかつ》（信長家臣）に、
ザッ！！！！
斬《き》りつけられ、倒《たお》れ伏《ふ》し、今川義元はその首を取られたのでした。
総大将《そうだいしょう》がやられた今川軍は、その場から逃走。
興奮《こうふん》さめやらぬ信長と織田軍は、

信長「えい！！！　えい！！！」

織田軍「オオオオォォォ――――!!」

その熱狂《ねっきょう》を勝鬨《かちどき》に変え、桶狭間の地にぶつけます。
圧倒的不利《あっとうてきふり》をくつがえした織田信長。
世紀《せいき》の大大大勝利を手にしたのでした。

はい、これが現在明らかになっている『桶狭間の戦い』のザックリとした流れです。義元は上洛《じょうらく》（京都に行くこと）なんてしようとしてなかったし、スタンバイしたのは低地《ていち》じゃなくて山だし、信長は奇襲《きしゅう》じゃなくて正面突破……。最近の桶狭間は、こんな話になってるんですね。

織田軍の勝因《しょういん》は、信長みずからが前に出て戦ったってとこでしょうが、ご覧《らん》の通り、いろんなラッキーが重なったことも否《いな》めません（天候急変。今川の油断《ゆだん》、テンパりなど）。

ただ、ここでお伝えした話も「こっちの方が絶対正しい！」ってわけじゃないし、ホントのホントの勝因は……謎です。残された史料《しりょう》だけじゃわからない部分が多くて、諸説《しょせつ》ありまくりなんです、この戦い。

お互いの兵の数も全然定《さだ》かじゃないし、義元が布陣《ふじん》した「桶狭間山」という場所がどこなのかも、あいまいなんですね（愛知県の名古屋市《なごやし》緑区《みどりく》か、豊明市《とよあけし》っていわれてます）。

さて、そんな諸説ありまくりの『桶狭間の戦い』ですが、この戦から**現代の僕たちが学ぶべき点**はどこでしょう？

人によって受け取り方は様々でしょうが、たぶん

「強いものにも立ち向かっていく勇気！」

「みんなの力を合わせれば、大逆転は起こせる！」

みてえな、表面上のペラペラな部分じゃないことは確かですよね（それも大切ですけど）。

個人的に、**この戦いで一番見習うべき点は、**

「信長のすげーワンマンな感じ」

だと思います。

今川との戦いにのぞんだ信長は、家臣に何も伝えず、意見も聞きませんでした。でも、ギリギリ勝てたのは、そのやり方だったからこそです（数々の幸運があったとはいえ）。

仮《かり》の話になりますが、もし信長の中に「こうしよう」という明確なビジョンがあったとしても、割《わ》れに割れた家臣の意見をいちいち全部聞いていたら、勝てる見込みの少ない戦いが、絶対に勝てない戦いになっていたんじゃないでしょうか。

いつの世も、チームの〝和〟はとっても大事。

だけど、**全員の意見を大事にしすぎるチームは、方向が定まらず、１つも前進しないし、すぐに壊《こわ》れます。**

誤解《ごかい》を恐れまくりながら言わせていただくと、

「時と場合によっては、ワンマンプレイは大いに必要」

なんだと思います。

言い換《か》えればそれは、「責任《せきにん》を伴《ともな》った決断力《けつだんりょく》」でもありますしね。

誰もが複数のチームやコミュニティに所属《しょぞく》してる今の時代（会社、学校、ＳＮＳ上などなど）。リーダーであろうとなかろうと、そのチームの維持《いじ》や発展《はってん》を考えるなら、信長の姿を思い出してみるのもいいかもしれません。

ワンマンすぎると、それはそれで問題ですけど（以上、圧倒的個人的見解《あっとうてきこじんてきけんかい》でした）。

さて、『桶狭間の戦い』によって、まわりの運命がどう変わっていったかという話ですが……

これは次章にまわしましょう。

次にお届けするエピソードは、時代を作った武将が味わった悪夢《あくむ》――

華麗《かれい》なる負け戦のお話です。

切っ先は鋭くあるべし！
ズバッ
信長につづけ!!
家臣の意見
家のため
体裁
プライド
忠義
ポヨン

三方ヶ原の戦い

パート1

家康、黒歴史史上最大の黒歴史

「さん……三方……さんぽうが……知らないなぁ……」という方のほうが多いかもしれません（正しくは「みかたがはら」です）。

でもちょっと待って。

そっぽを向いてしまうその前に、対戦カードだけでも見てもらえないでしょうか。

徳川家康《とくがわいえやす》VS.武田信玄《たけだしんげん》。

ベストバウトを予感させる2人じゃありませんか？

徳川家康……ご存知《ぞんじ》、江戸幕府《えどばくふ》を開いた、戦国時代の最終的勝利者。

武田信玄……〝甲斐《かい》（山梨県《やまなしけん》）の虎《とら》〟の異名《いみょう》を持つ、最強騎馬軍団《さいきょうきばぐんだん》のリーダー。

誰もが名前を知ってる有名人の激突《げきとつ》なのに、一般認知度《いっぱんにんちど》がちょいと低めの矛盾《むじゅん》バトル。

それが『三方ヶ原の戦い』なんです。

その内容は……

《1572年。徳川家康が、武田信玄にボッコボコにやられたよ》

というもので、ただ「家康が信玄に負けた」だけ、っちゃあだけの話です。

しかも、『桶狭間《おけはざま》の戦《たたか》い』や『関ヶ原《せきがはら》の戦い』のように、この争いによって世の中が劇的《げきてき》に変わった……という戦いでもないんが、
この戦いで繰《く》り広げられる人間関係を知っておくと、このあとの重要な出来事の理解度が、断然違《だんぜんちが》います（おそらく）。

さらに、戦いの中身も〝あの家康が死にかけた〟とか、〝信玄の策略《さくりゃく》ヤバすぎ〟とか、とにかくおもしろい（たぶん）。

そして何より、僕《ぼく》が好きなんです（もう、ほぼこれ）。

なので『三方ヶ原の戦い』、ちらっと耳を傾《かたむ》けてみてください。

その前に。

最初にみなさんにお伝えしときたいのは、

「戦国大名＝誰とでも戦う」わけじゃないよ、ということ。

戦国時代ってネーミングからも、この時代は「とりあえず戦っとこ！」みたいなイメージを持つ人が多いかもしれません。

でも、考えてもみてください。現代でも、正面きっての大ゲンカをしてる2人がいたとしたら、そこには何かキッカケ……お互《たが》いたまりにたまった鬱憤《うっぷん》があったりするじゃないですか（まったくない、というサイコなパターンは置いといて）。

家康と信玄もまさにそれで、お互い積《つ》もりに積もった「なんじゃコイツ！」が爆発《ばくはつ》して、ついに一戦交《いっせんまじ》えることになったんですね。

じゃあ、仲が悪くなるキッカケはなんだったのか？

その原因を探《さぐ》るために、2人のもつれた糸をグワーとたぐり寄《よ》せてみると、そこに現れてくるのが……

『桶狭間《おけはざま》の戦《たたか》い』なんですよ。

まずはですね、『桶狭間の戦い』による家康と信玄の環境の変化、そのビフォーアフターをパパッとご覧ください。

〈徳川家康の場合〉

今川義元《いまがわよしもと》に地元の三河国岡崎《みかわのくにおかざき》（愛知県岡崎市《あいちけんおかざきし》）を占領《せんりょう》され、長い間、今川の家臣だった家康さん。

ですが、桶狭間で義元が亡くなったことをキッカケに、岡崎を取り戻《もど》し、独立することができたんです。

そこから**信長**と仲良くなって（〝同盟《どうめい》〟ってやつね）、えっちらおっちらまわりの敵を倒《たお》し、晴れて**三河国の大名になれた**のでした。

〈武田信玄の場合〉

桶狭間事件が起こる前の信玄さんは、

今川義元と**北条氏康《ほうじょううじやす》**っていう大名と仲良くしてて、

「甲相駿三国同盟《こうそうすんさんごくどうめい》」

という、それはそれはイカつい名前の同盟を組んでおりました。

これ、それぞれがメチャ強いのに「さらに手を組んじゃったよ」という驚《おどろ》きの同盟で、今で言えば「アメリカとロシアと中国が仲良くなった」みたいなものです（すばらしく大げさに言えば）。

ただ、それが『桶狭間の戦い』によって崩れていくんですね。

戦いから数年後、義元を殺した信長から「信玄さん、同盟を組みませんか？」というまさかのオファー。

信玄はそれを

「義元の息子の今川氏真《いまがわうじざね》はポンコツだから、信長と組んだ方がメリットあるか！」

と、オッケーしちゃいます。

しかし、当然、今川氏真くんはバチギレ。

「パパを殺した信長と手を組むってどういうことだ！」

と怒りまくり、信玄と今川との関係は最悪なものになってしまったのでした。

——とまあ、これが桶狭間の戦いから、大体《だいたい》6〜7年後の家康と信玄の状況です。

奇《く》しくも2人の間には、

・今川さんとの別れ

・信長との同盟

という共通点が出来上がっていたんです

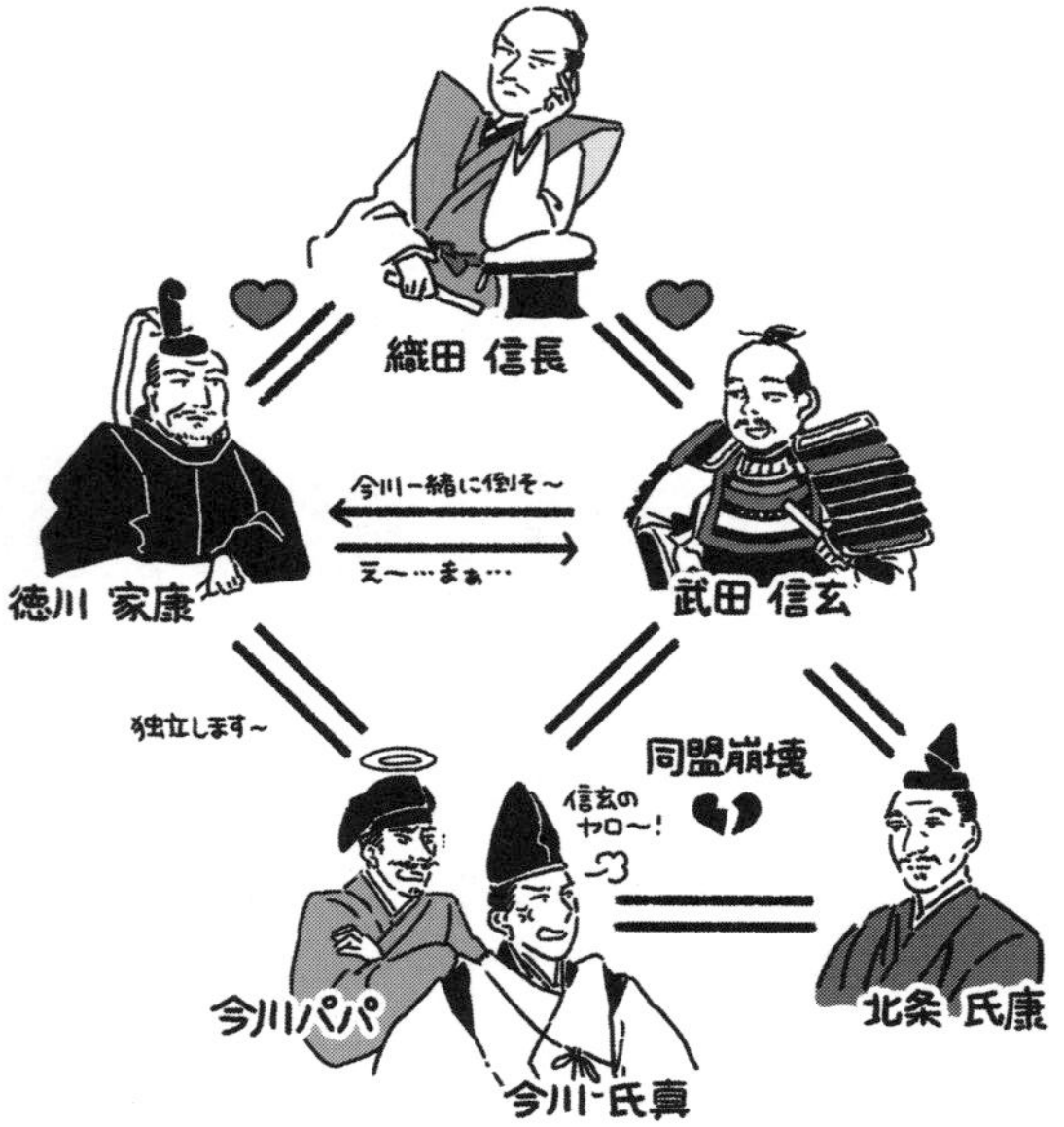

ね。

さて、それではここから、家康と信玄の「絡《から》み〜険悪《けんあく》〜戦い」という流れを、ドバーッとはしょりながらお伝えしていきましょう。

ファーストコンタクトは、信玄→家康。

「今川の領地《りょうち》を一緒《いっしょ》に攻《せ》めないか？」

というお誘《さそ》いで、『三方ヶ原《みかたがはら》の戦《たたか》い』の幕《まく》が開きます。

家康「一緒……と、言いますと？」

信玄「武田と徳川で、今川の持つ駿河国《するがのくに》（静岡県《しずおかけん》中部・東部）と遠江国《とおとうみのくに》（静岡県西部）を同時に攻めるんだ。武田が駿河を、徳川が遠江を、といった具合に。で、今川を倒した後の領地《りょうち》は、そのままお互いのものにする。どうだい？」

家康「なるほど……。わかりました、やりましょう！」

2人は今川をぶっ倒す約束で意気投合《いきとうごう》（こんな密約《みつやく》があった可能性が高いんですって。あと、2人が直接しゃべったわけじゃないよ。お手紙でのやり取りだと思うよ）。

信玄が駿河《するが》に攻め込んだあと、家康も遠江《とおとうみ》に攻め込んでいきます。

ところが……。

家康「よーしよし！　いい感じで遠江を占領《せんりょう》してんぞ！　この調子でどんど……」
秋山虎繁《あきやまとらしげ》（信玄家臣）「やぁ」
家康「ビックリした!!　な、なんで武田が遠江にいるんだ!?」
秋山「かかれぇー!!」
家康「ちょ、な、お、意味わかんねーぞおい!!　と、とにかく戦えぇぇ!!」

駿河担当のはずの武田軍が、なぜか遠江に。
は？　どういうことだ⁇　ブチギレた家康は、信玄に猛抗議《もうこうぎ》。

家康「おい話がちげーだろ!!　武田は駿河！　徳川は遠江！　あんたらが遠江に入ってくるのは明らかな規約違反《きやくいはん》だ!!」
信玄「いや、すまない。私は知らなかったんだ……。しかし……天竜川《てんりゅうがわ》を境《さかい》に、それより東が武田のものではなかったかな？」
家康「バカ言ってんじゃねぇ!!　それを言うなら天竜川じゃなくて大井川《おおいがわ》だろ!!　大井川が駿河と遠江をわけてんだからよ!!　天竜川はおもいっきし遠江の中を流

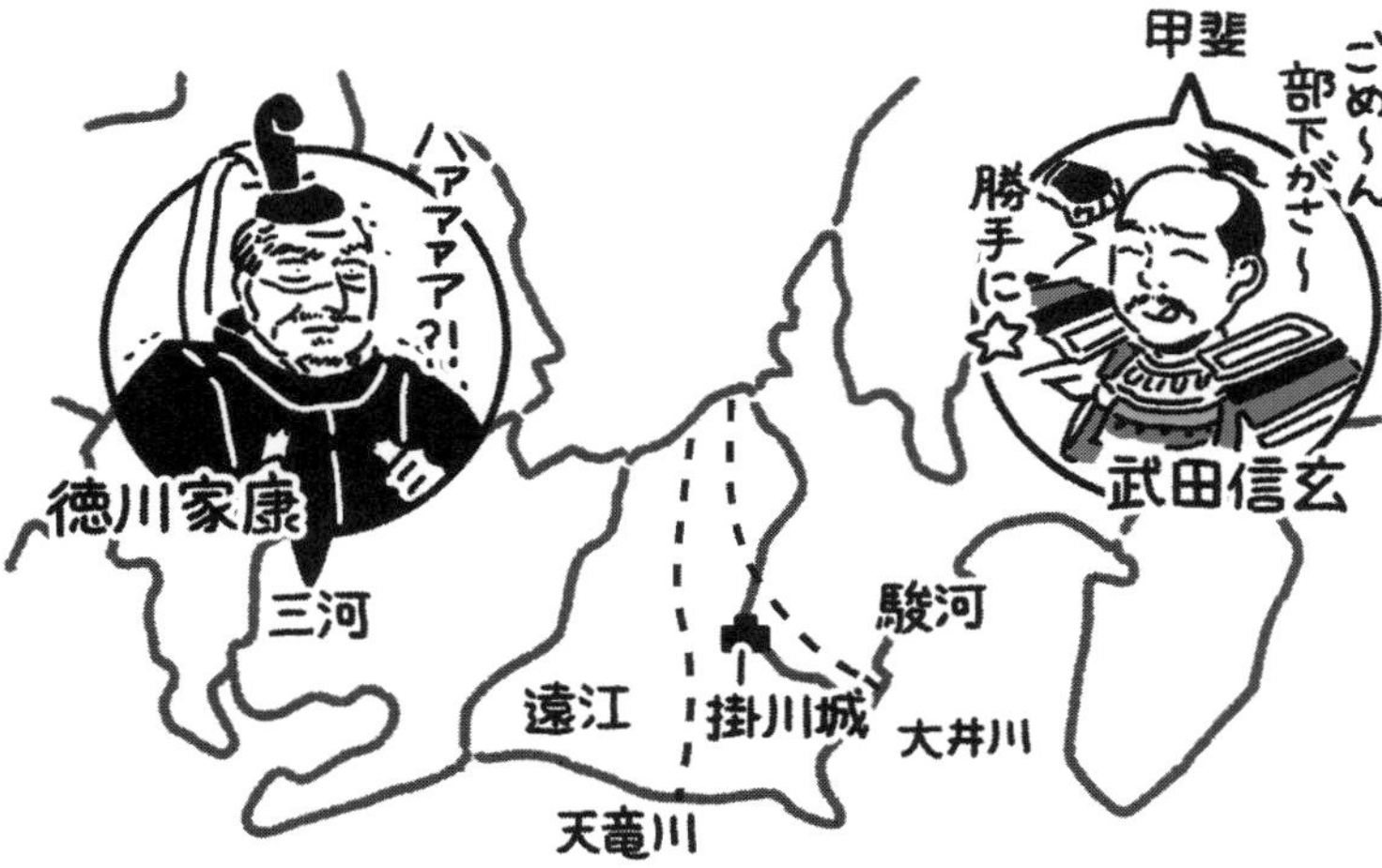

れてんだろ！『天竜川を境に、それより東……』って、そこは完全に遠江だバカタレが‼」

信玄「なんにせよ悪かった。遠江の部隊《ぶたい》はすぐに撤退《てったい》させる。家臣《かしん》が勝手にやったこととはいえ、本当に申し訳ない。この通りだ」

家康「こ……（こいつ……！）」

信玄「それはそうと。駿河にいた今川氏真は、遠江の掛川城《かけがわじょう》に移動した。ぜひこれを攻《せ》めて、今川を倒してほしい。よろしく頼《たの》むよ」

家康「な……な……（なんだこいつ……‼）」

「自分は知らなかった。部下《ぶか》が勝手にやったことだ」

昔も今も、この文言《もんごん》を使える人が政治家になれるのかもしれません。しおらしく謝《あやま》っていますが、もちろんこれは信玄の指示《しじ》（と言われてます）。あわよくば、遠江も自分のものにしようとしたんですね。

は

は？

はぁぁぁ！！！！？

この行動に家康の「はぁ!?（怒）」は止まりません。

おい、信玄さんよ……まったく信用できねぇな、あんた……。

楽しいドライブの誘いかと思いきや、乗りこんでみればジェットコースター。

家康と信玄、〝不仲《ふなか》〟に向けての滑走が始まります。

パート２

戦国おっさんずラブ

【三方ヶ原の戦い】パート２です。
それでは前回のおさらいを。
武田信玄《たけだしんげん》から徳川家康《とくがわいえやす》に「今川の領地《りょうち》一緒に攻めない？」のお誘い。
←
武田は駿河《するが》、徳川は遠江《とおとうみ》を攻めるという約束《やくそく》で家康もオッケー。
←
の、はずが……
←
遠江まで攻めてきて手に入れようとする信玄。
←

家康ブチギレ。

家康「っざけんなよ信玄!! あいつまったく信用できねーぞ! 何が『今川氏真《いまがわうじざね》は、遠江の掛川城《かけがわじょう》に移動した。ぜひこれを攻めて、今川を倒してほしい』だ!! 言ってることとやってることがグチャグチャだろ!! まぁ遠江は欲しいから、掛川城の氏真は攻めるけど!!!」

と、信玄への不信感《ふしんかん》バリバリの中、家康は掛川城にいる今川氏真を攻めることに。しかし、掛川城がまったく落ちません。

家康「だぁ――――――イライラする!!!」

となったかどうかはわかりませんが、ここで家康、作戦を変えるんですね。

家康「もういい! 落ちねぇもんは落ちねぇだっしゃあ! こうなりゃ攻めるのやめるぞ! 遠江を手に入れるためにも、やり方変える! 『信玄と一緒に今川を倒す』なんて約束もクソくらえだ!!」

なんていうふうに思ったのか、氏真のこもる掛川城を取り囲《かこ》んで、こんなことを言うんです。

家康「氏真さん!! オレは今川義元さんによくしてもらったから、今川に敵意《てきい》はありません! オレが遠江を手に入れようとしてるのは、ここが信玄のものになってしまうのを防《ふせ》ぐためだ! もしオレに遠江をくれれば、北条と協力して信玄を追《お》っ払《ぱら》い、いずれあなたに駿河を返すことができる! だから和睦《わぼく》(仲直り)しましょう! そして、遠江をください!!」

Ｔｈｅ・都合《つごう》のいい主張。

言ってる内容がずうずうしいの王様です。家康だからギリギリ武士感ありますが、この発言にピッタリなしゃべり方は、

「氏真さん違《ちが》うんだよ〜。悪《わ》りぃのはオレじゃねぇ、信玄のヤロウだ。あんたに駿河を返すためにも、オイラに遠江をくれよぉ〜。な、いいだろ? な? な?」

という感じ。どことなくギャンブル依存《いぞん》で常《つね》に金がないやつを連想させます。

こんなもん、氏真からすれば「ふざけんな!!」ですよね。

だけど、

氏真「わかった!!」

わかっちゃった。

氏真「駿河を取り戻してくれるなら、和睦《わぼく》して遠江を渡そう！」

渡しちゃった。

氏真がお人好《ひとよ》しすぎたのか、家康の説得力がすごかったのか、氏真が大名でいることに疲《つか》れたのか、いったいどれなんでしょう？

でも、とにかく交渉《こうしょう》は成功。

家康は、氏真と仲直りをして、遠江国をゲットしたのでした。

さぁ今度はこれに、信玄が猛抗議《もうこうぎ》。

「だーれが今川と仲良くなれと言った!?」という不満を、家康……ではなく、お友達の信長にぶつけるんです。

信玄「信長くん！　おたくの友達はなんだ！　私は家康に『遠江を攻めてもいい』とは言ったが、『今川と仲良くしろ』なんてことは言ってない！　こりゃいったいどういうことだ！」

大ブーイングをぶちかます信玄ですが、家康も負けてません。

家康「信長さん！　信玄という男は1ミリも信用できませんよ！　オレはあいつの敵である上杉謙信《うえすぎけんしん》と仲良くします！　信長さんも、信玄なんかとは手を切った方がいい！」

信玄「信長くん！　いったいなんなんだ家康というやつは！　私たちの仲《なか》を裂《さ》こうとしてるじゃないか！　お友達なら、強くしかってくれ！」

家康「信長さん！」
信玄「信長くん！」
家康&信玄「ねぇ、信長ぁ!!」

ウザすぎる。
と、思ったかも信長。自分がまいた種《たね》とはいえ。

信長は2人の中継地点《ちゅうけいちてん》に立たされ、「あいつの行動が許せない、あいつのやり方はおかしい」というクレームが飛んできて、裏《うら》を返せば「オレを優先してくれ」の猛烈《もうれつ》アピール。

見ようによってはおっさんの三角関係です。信長さんをめぐる家康と信玄の恋模様《こいもよう》。しかし、そんなじれったい関係に嫌気《いやけ》がさした1人のおっさんが、この状況にピリオドをうつべく動きだすんですね。

信玄「信長と敵対《てきたい》してる朝倉《あさくら》や本願寺《ほんがんじ》とも仲良くなったし、今川の味方をしてた北条とも、つい最近同盟が復活《ふっかつ》……仲直り大成功だ。さて、と……準備《じゅんび》は整った。ムカつく家康と、そんなやつとの関係を続ける信長……そろそろ2人ともぶっつぶすか！」

ついに、家康&信長と戦うことを決めた信玄。

軍を3つにわけ、家康と信長の領地である、三河《みかわ》、遠江、美濃《みの》（岐阜県南部《ぎふけんなんぶ》）に侵入《しんにゅう》していくのでした。

では、そこからの武田軍の経過《けいか》をカンタンにお伝えしましょう。

メタクソに強い。

以上。

もう次々と、家康や信長の城を落としていくんですね。

このころ遠江に「浜松城《はままつじょう》」というお城をつくり、そこをホームとしていた家康。

迫《せま》りくる武田軍は、2万5000（諸説《しょせつ》あり）。

むかえうつ徳川軍は、8000＋織田からの援軍《えんぐん》3000＝1万1000（諸説あり）。

家康「ディフェ――ンス!!」

兵力の差もあり「とにかく防御《ぼうぎょ》だ！」ってことで、浜松城での籠城《ろうじょう》を決めます。

どんどん近づいてくる戦国最強騎馬軍団《せんごくさいきょうきばぐんだん》は、もう目と鼻《はな》の先……

くるぞ……くるぞ……くる、くる、くる、くる……！

きた!!　きたきたきたきた！　きたきたきたきたいったいったいったいったいったいったいったいったい
った……ったったっ……たっ……？

通り過《す》ぎました。

なんと武田軍は、浜松城の家康たちをスルー。その先にある「三方ヶ原」という台《だい》地《ち》を目指すんです。

ん？　なんでこないの？

元から目的地が違《ちが》ったの？　だとしてもオレはここにいるよ？　信玄、オレはお前の目の前にいたんだ……。それを無《む》視《し》して通り過ぎるとは……。

やってくれたな、おい……。

浮かび上がった疑問は、即《そく》座《ざ》に怒りへと変わります。

目の前を素《す》通《どお》りするというのは、〝相手にしていない〟と同《どう》義《ぎ》。家康は、武士として一番大切なもの、**〝プライド〟**を踏《ふ》みにじられたんです。

家康「ふざけるなぁぁぁ!!　すぐに出陣だ!!　武田軍を追いかけて、信玄を討つぞ!!」

浜松城を出て、信玄と戦うことを決めた家康。

何人かの家臣は「あの信玄ですよ！　何か考えてますって！」と主《しゅ》君《くん》をいさめますが、家康はその制《せい》止《し》を振《ふ》り切り、浜松城を飛び出していったのでした。

（〝家康ブチギレ〟は、理由として確定しているわけじゃありません。

ほかにも、
・信玄と戦わなければ『え、戦わないんすか……』と、家臣たちに見くびられ、離《はな》れていく可能性があったから。
・信長からの『信玄引きとめとけよ』という無言《むごん》のプレッシャーがあったから。
などの説があるんすよ)
この時点では、見境《みさかい》なしの熱血《ねっけつ》若手武将に見えるかもしれません。しかし、家康には勝算《しょうさん》がありました。

家康「三方ヶ原の台地をつっきった先は、祝田《ほうだ》の坂《さか》だ。武田軍が坂を下っているところを上からたたけば……勝てる!!」

坂の上からグワァー！　っと攻めれば、いける。たしかに、いけそう。
家康たちは、武田が坂を下り始めるころを見計《みはか》らいます。そして、

家康「そろそろだ……。いけぇぇぇ!!」

三方ヶ原の台地に入る徳川軍。ところが……

信玄《しんげん》「よぉ」
家康《いえやす》「え」

ババ――――――ン!!

家康「い!!!!」

そこにいたのはいるはず、、、、のない、、、、武田軍。
なんと、今ごろは坂を下ってるであろう信玄たちが、陣形《じんけい》を整え、万全《ばんぜん》の態勢で待ちかまえていたのでした。

大ピンチ確定。

パート3

涙と未来のつまった大敗
～歴史に黒も白もねぇ。
あるのは人が生きたという証だけだ～

はい、【三方ヶ原《みかたがはら》の戦《たたか》い】最後のパートです。おさらいしときましょう。

家康《いえやす》&信長《のぶなが》と信玄《しんげん》メチャ仲悪くなる。

↓

信玄「家康も信長もぶっつぶしてやる！」

↓

家康「信玄がくる！　ヤバ！」
↓
でも信玄、家康（浜松城《はままつじょう》）をスルー。
↓
家康ブチギレ。「ふざけんじゃねー!!　待ってろよテメー信玄!!　追っかけて行って、坂を下ってるところを上から突っ込んで、ボコスカにしてやるからよ!!」
↓
坂を下らず、待ってた信玄。

家康「……え……ワナ？」
信玄「ワナだね」
家康「……そ、そんな……やっちまった……」
信玄「かかれぇぇぇ!!」
家康「も、もう戦うしかない！　かかれぇぇぇ!!」
両軍「ウワァァァア――――!!」
自分は信玄の掌《てのひら》の上で踊《おど》らされていただけだったと気づいたときは、後の祭り。

兵力《へいりょく》で劣《おと》る上に、不意打《ふいう》ちをくらった軍勢《ぐんぜい》と、準備万端《じゅんびばんたん》整った最強騎馬《きば》軍団。

武田軍「オオオォォオリャァアア!!」

徳川軍「グゥワァアア!!」

どちらに分《ぶ》があるのかは、火を見るよりも明らかです。
猛然《もうぜん》と襲いかかる武田騎馬隊を前に、なす術《すべ》もなく倒《たお》れていく徳川・織田連合軍《れんごうぐん》。
勝負の行方《ゆくえ》はとうに決していています。
家康が取るべき道は、二つに一つ。
戦場から抜け出すという低い可能性に賭《か》けるか。
ここで戦って死ぬか。

家康家臣「殿《との》!!　浜松城までお逃げください！」

家康「いや、もう無理だ……。このまま武田と戦い、華々《はなばな》しく討《う》ち死《じ》にしてくれる!!」

家康家臣「なりません!!　城へ戻り再起《さいき》を図《はか》るんです!!」

家康「ここで戦う!!　おまえたちを残し……」

家康家臣「あぁぁ聞き分けのない!!　それを貸しなさい！」

家康「な、なにを……!!」

家康の持つ采配《さいはい》を奪《うば》った家臣は、馬首《ばしゅ》を翻《ひるがえ》して叫《さけ》びます（采配ってのは、軍勢を指《し》揮《き》するために大将が持ってた道具です。短い棒《ぼう》の先にシャッと裂《さ》いた紙を束《たば》ねて取り付けた、お掃除《そうじ》道具の〝はたき〟みたいなやつです）。

家康家臣「われこそは！！！」

彼が向かった先は敵陣《てきじん》。

駆け出した馬の上から、あらん限りの声をふり絞《しぼ》った家臣は、武田軍に向かって名乗りを上げます。

家康家臣「われこそは徳川家康!! 武田の者たちよ、この首をとって手柄《てがら》にいたせ!!」

家康の身代《みが》わりとなったのです。

夏目吉信《なつめよしのぶ》や鈴木久三郎《すずききゅうざぶろう》といった家臣たちは、家康から采配や、馬や、兜《かぶと》や、鎧《よろい》を奪い、自分こそが家康だと叫びます。
家康を守るため、家康を生かすため、家康に一歩でもこの場から遠ざかってもらうため。
家臣たちは、自らの命を削って時間を稼ぎます。

家康「う……く……あああぁぁ――――――!!!!!!」

いつしか、この場にいる徳川家臣の意識は
「絶対に家康を死なせない」
という一点のみに集中していったのでした。
そして、

家康「ハアッ……ハアッ……ハアッ……」

多くの大切な命が犠牲《ぎせい》となり、浜松城へ帰ることができた家康。

家康「城門《じょうもん》を開《あ》けたままにしろぉ!!　かがり火をたけ!!　まだ……まだ帰ってくる者《もの》

がいる!!」

生きて帰ってくる者がいる。
家康は、逃げてくる家臣たちのために、浜松城の門を開けたままにします。
しかしこれでは、城まで追いかけてくる武田軍の侵入《しんにゅう》を防《ふせ》ぐことができません。

武田家臣「おい見ろ！　浜松城が見えたぞ!!　このまま城まで攻《せ》め込んでや……あれ？　門開いてる??」

武田家臣「だ、え!?（馬、急ブレーキ）……ホントだ……。なにかの……ワナ？」

武田家臣「かもしれん。城に入っていくのはキケンだ。ここまでにしておこう」

奇跡の勘違《かんちが》い。

門開けっ放《ぱな》しを「ワナかも？」と思った武田軍は、そのまま引きあげていったんです。

これは**「空城の計《くうじょうのけい》」**といって、昔の中国で使われた作戦なんです。家康がそれをねらったのか、ただ家臣を救おうとした結果が幸運をまねいたのか……どちらかはわかりませんが、ギリギリのところで徳川軍は助かったのでした。

でも、戦いは、超《ちょう》がつくほどの大負け。家康が信玄の策略《さくりゃく》にまんまとハマり、一生のトラウマを残すこととなった——。

これが『三方ヶ原の戦い』です。

（「空城の計」は『三国志《さんごくし》』で諸葛亮孔明《しょかつりょうこうめい》が使った作戦です。プチ情報でした）。


さて、ここからは余談《よだん》です。

徳川さんが負けすぎたせいか、『三方ヶ原の戦い』には〝家康イジリのエピソード〟がいっぱいあるんですね（ウソかホントかは別として）。

たとえば。
◆戦いに負けたことを教訓《きょうくん》とするため、城に逃げ帰ってすぐ、情《なさ》けない姿を絵師《えし》に描《か》かせた。
……っていう話なんかが有名です（「しかみ像《ぞう》」ってタイトルの絵なんですが、最近になって、後世《こうせい》に描かれたものだと判明しました）。

ほかにも。
◆戦いに負け、敗走中の家康は、茶屋《ちゃや》に寄《よ》ってちょっと休憩《きゅうけい》。ゆっくり小豆餅《あずきもち》を食べてたら、パカラッパカラッ……と武田軍が迫《せま》ってきます。

あわてた家康は、代金を払《はら》わず馬に乗って逃走《とうそう》。ですが、しばらく走ったところで追いつかれてしまいます。

茶屋のおばあちゃんに。

で、キッチリお金を取られたのでした。

現在、茶屋があったあたりは「小豆餅」という地名になっており、おばあちゃんが家康から代金を取ったところは、「銭取《ぜにとり》」というバス停の名前で残ってます（ちなみにバス停「小豆餅」から「銭取」は、約2キロ）。

だいぶ楽しいお話ですが、つっこみどころは満載《まんさい》。必死で逃げてる途中、茶屋で休憩するか？　という部分などもそうですが、一番は、

〝2キロ以上の距離を馬より速く爆走《ばくそう》するおばあちゃんなどいない〟

というところ。

あと、実は地名の由来《ゆらい》もこれじゃないんです。気になったら調べてみてください。

さらに。

◆命からがら浜松城に逃げ帰った家康と、数人の家臣《かしん》。

家康家臣「やっと着いた！　あーよかっ……ん？（クンクン）え、なんかくさい……。わ！　殿、うんちもらしてる！」

家康は、武田軍のあまりの恐怖に、馬に乗りながらうんちをもらします。しかし、

家康「ちがうよ。これはミソだよ」

と、言《い》い訳史上《わけしじょう》、最も低いクオリティをたたきだしたそうです（ホントかどうかは謎《なぞ》だよ）。

これらのエピソードを時系列《じけいれつ》にならべてみると、
「敵から逃げてる途中に食い逃げをして、おばあちゃんに捕《つか》まりながら馬の上でうんちをもらし、城に着いたあとそれが家臣にバレて、その姿を絵師に描かせた」
という、底なしにおもしろいやつが出来上がります。
だからまぁ、これらの話は、やっぱり伝説としてとらえてください。

さてさて、『三方ヶ原の戦い』の学びポイントはどこにあるでしょう。

「感情のまま戦いを挑《いど》んでも、勝負には勝てない！」

「大きな失敗を次に活かせ！」

というのは、わかりやすい教訓だと思います。

しかし、個人的にズシリとくるのは、家康が大ピンチをむかえたあと、

「一切ブレなかった家臣たちの理念《りねん》」

です。「理念」でググると「ある物事についての、こうあるべきだという根本の考え」（出典：デジタル大辞泉）と出てきます。つまり、物事の一番根っこにある〝大切にするもの〟とか〝目的〟ですね。

個性あふれる戦国武将の面々は、それこそバラエティ豊かな主義主張《しゅぎしゅちょう》を持っていました。が、とにかくみんなに共通する理念は、

「家を守り、残すこと」

なんですね。

自分の家を守るためなら、主君さえ裏切るのが戦国時代。しかし、徳川家臣団は、主君・家康を守る〝忠義〟を理念としていたように感じるんです。

三方ヶ原の戦いで、家康自身が〝誇《ほこ》りのため〟に討ち死にしようとしたとき、家臣は大反対します。

どんなときも「理念（徳川家や家康を守る）を貫《つらぬ》くことが最善」と考えた家臣たちは、たとえそれがトップの主張であっても、認めるわけにはいかなかったんですね。

その結果、家康は助かり、のちに徳川家は天下《てんか》を取ります。

徳川家臣団の姿は、

「チーム（または個人）の中に理念が浸透《しんとう》していれば、ピンチのときだろうと最優先すべき選択を迷わない」

ということを教えてくれます（命をなげうつまでしなきゃ……とは言いません）。

物があふれ、物質そのものよりも、そこに込めた目的や夢が重要になってきた現代。何があってもブレない軸《じく》というのは、ますます大事になってくるんじゃないでしょうか（以上、またもやブッチギリの個人的意見でした）。

武田信玄という脅威《きょうい》にさらされた信長&家康。

2人はこのピンチを乗り切ることができるんでしょうか？

次章は、信長、家康、武田という単語でピンとくる人もいるかもしれませんが、信長が〝あれ〟を使った〝あれ〟の〝あれ話〟です！

どんな時も家康様ファーストだから
オオオ
イエヤスサマー！
オマモリシマス！
迷わない!!
ウオオオオオ
ウオオオオオ
手柄
カン
カン
裏切り
カン
忠義
プライド

長篠の戦い

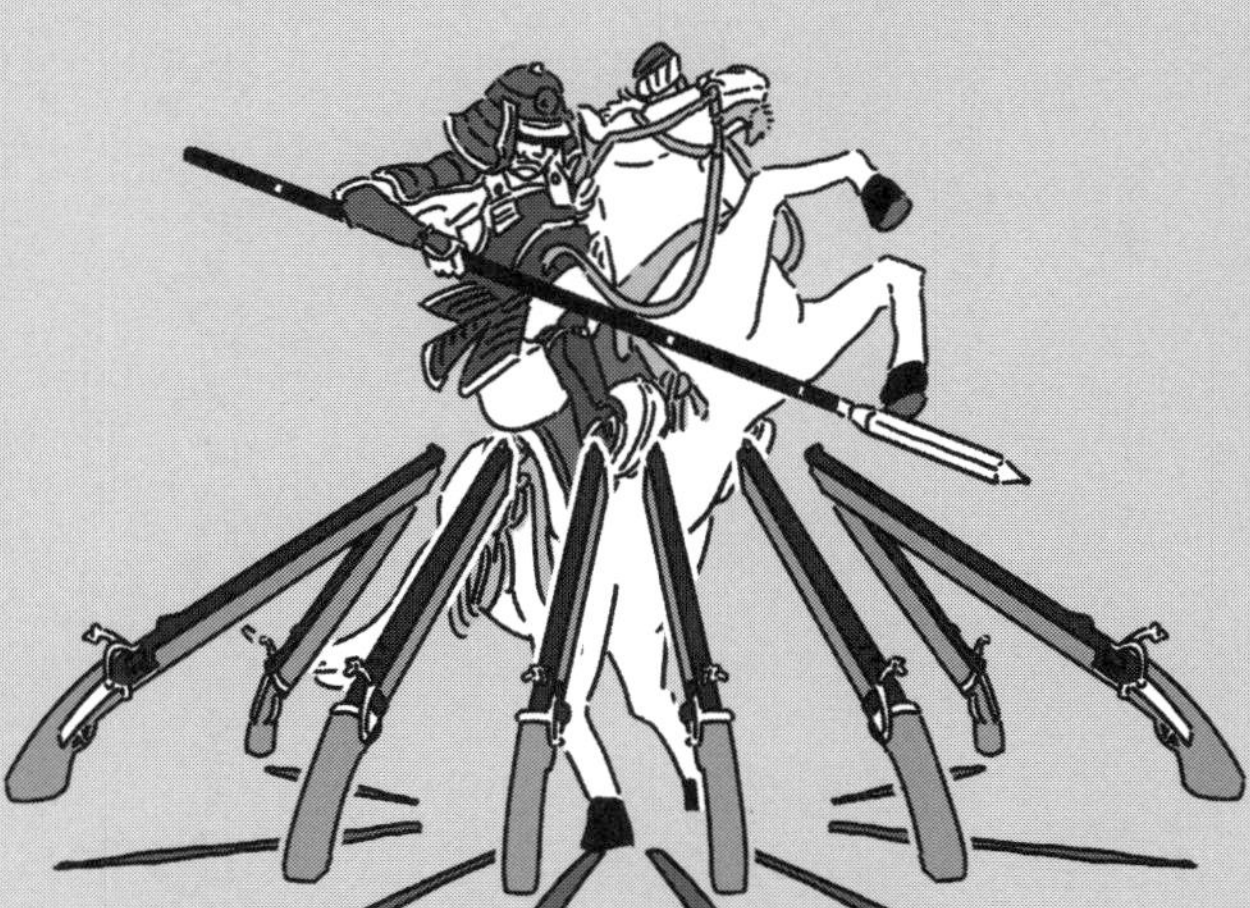

パート1

鉄砲VS.騎馬
〜新旧激突！　戦国大スペクタクルバトル〜

「あのーあれだ。信長《のぶなが》が鉄砲《てっぽう》使ったやつだろ」

という認識《にんしき》の方がいたとしたら……大正解。

「で、あれだ、武田《たけだ》の騎馬隊《きばたい》と戦ったやつだ」

というところまで知っている方は、マジマーベラス。

まさにその通りで、小、中、高の教科書に必ず登場する
「信長くん、鉄砲ぶっ放《ぱな》しバトル」

もしくは、

「武田さん、鉄砲ぶっ放されバトル」

が、『長篠《ながしの》の戦《たたか》い』です。

その内容をカンタンにご紹介すると、

《1575年。織田《おだ》・徳川《とくがわ》連合軍《れんごうぐん》が、長篠《ながしの》&設楽原《したらがはら》（愛知県《あいちけん》）ってところで、武田軍と激突《げきとつ》。たーくさんの鉄砲を使った信長が、**武田勝頼ひきいる武田騎馬隊をコテンパンにして、織田・徳川連合軍が圧勝《あっしょう》**したよ》

という感じですね（鉄砲を使った戦闘《せんとう》があったのは「設楽原」です。なので最近は『長篠・設楽原の戦い』っていうことが多いかも）。

ただ、『長篠の戦い＝鉄砲』ということは知ってても、中には

「日本で初めて、鉄砲が使われた戦いでしょ」

とカン違いしてる、ちゃめっ気《け》たっぷりな人がいますが、これは間違い。

正しくは、

「日本で初めて、大量の鉄砲が使われた戦い」

なんですね。

鉄砲自体は『長篠の戦い』の前から使われていたんですが、〝ある理由〟からメインの武器じゃありませんでした。

ところが！

この戦いですっごい数の鉄砲を導入《どうにゅう》したら、「効果《こうか》すご！」「鉄砲、主力兵器《しゅりょくへいき》でいけんじゃん！」ということになり、〝働き方改革《かいかく》〟ならぬ**〝戦い方革命《かくめい》〟**が起こったんです（これ以降の戦が、鉄砲だらけになった……というわけでもないんですが）。

では、革命的で有名なナガシノさんの流れを、オダさんとタケダさんがぶつかるまでの経過《けいか》とともに、ひもといてみましょう。

ただ、もしかするとこの戦いも、みなさんが聞いてた話と、ちと違うかも……いってみましょう、これが『長篠の戦い』のざっくりとした流れです。

前回お届けしたのは、徳川家康がボロボロに負けたお話。【三方ヶ原《みかたがはら》の戦い】という家康VS.信玄《しんげん》の戦闘でした。

ギッタギッタに家康をたたきのめした武田信玄。ですが、そのあとも武田の快進撃は止まりません。グイグイグイ、グイグイグイグイ……ついに武田軍は、三河国《みかわのくに》にまで侵攻《しんこう》してきます。

たぶん家康は、

――ホントにもうやめて……お願いだから来ないでよ!!

という気持ちでいっぱいだったでしょう（想像です）。

でもね、その願いが届いたのかどうかはわかりませんが、武田の動きがピタァーッ!!

……と、止まるんですよ。

あれおかしいなぁ……なんかやだなぁ……こわいなぁこわいなぁと思っていると、武田軍がバァッ！　甲斐国《かいのくに》に引き返して行くじゃありませんか。

これには、家康も信長も、

「？」

となるんですが、みなさんは何が起こったかお気づきになったでしょうか？

そう、

武田信玄が亡くなったんです。

もともと体調がすぐれなかった信玄さん。三河に入った時点で血を吐《は》くようになり、こりゃヤバいと甲斐に戻る道中、病死してしまったんですね。

武田にとっては最悪です。絶対的な支柱《しちゅう》・信玄がいなくなってしまうなんて……。

しかし、信長&家康にとってみれば、こんなにラッキーなことはありません。

だって、自分たちを苦しめた天敵《てんてき》が、なんの手も下してないのにいなくなったんですから。2人の運の良さったら、もう、ねえ、どう表しましょう？　もうね、表しません。

もちろん家康は「マジでよかったあ！」となったでしょう。

が、もしかすると、それ以上に助かったのは信長かも。

というのも彼、実はここ3年くらい「み、見渡す限り……敵ばっかじゃねぇーか！」という、あの桶狭間《おけはざま》を超える、

人生最大のピンチ

をくらってたからなんです。

『桶狭間の戦い』が終わってからの信長は順調でした。そう、あの頃までは……（ちょっと振り返りますね）。

信長「家康さん、これからは仲良くやろう！　あ、北近江《きたおうみ》（滋賀県《しがけん》の北の方）の浅井《あざい》長政《ながまさ》さん、妹のお市《いち》をもらってくれ！　そうだ、信玄さん、息子の勝頼《かつより》くんに、うちの養女《ようじょ》（龍勝院《りゅうしょういん》）なんてどうですか？」

今川をぶっ倒すことに成功した信長は、家康、浅井長政、武田信玄といった大名と同盟を結び、

信長「やっとだ――‼　美濃国《みののくに》ゲットだぜ‼」

長い間争っていた斎藤《さいとう》さんに勝利して、美濃国を手に入れます（美濃の斎藤道三《どうさん》って大名は、信長の奥さんのパパ。だから仲良しだったけど、その子どもの義龍《よしたつ》、孫の龍興《たつおき》とはずっと戦ってたんです）。

さらには、「わたしを京都に連れてって！」と言ってる**足利義昭《あしかがよしあき》**を15代目の将軍にしてあげて、自由自治都市《じゆうじちとし》・堺《さかい》まで自分のものにしちゃうんですね。

仲間や領地《りょうち》の拡大。将軍とのタッグ。京都周辺の支配。ベンチャー企業なら取材殺到《しゅざいさっとう》。幼稚園児《ようちえんじ》なら、はなまるがもらえます。

トータルで見れば〝アフター桶狭間〟の約10年は、上々《じょうじょう》の仕上《しあ》がり。

勢いそのままに信長は、

信長「よし！　お次は若狭国《わかさのくに》に攻め込んで、そのまま越前国《えちぜんのくに》も攻めるぞ！（どちらも福井県《ふくいけん》）」

と、越前の朝倉《あさくら》（って大名）を攻撃したんですが、ここからなんです。大ピンチが始まるの。

信長「え⁉　浅井長政《あざいながまさ》が攻めてきた⁉　絶対ウソだよ！！！」

まさかまさかの、**義理《ぎり》の弟の裏切り**。越前国を攻めてる信長の背後から、妹のダンナが迫ってきたんです。

信長「長政が裏切るわけない！　弟だぞ！　北近江《きたおうみ》を任せてんだぞ！　オレに不満なんてあるわけねーだろ‼」

家臣「ですが、間違いないと……（ぜんぜん信じねーな！）」

信長「もし……もしそれが本当なら……」

あわや**はさみ撃《う》ち！**　の超超緊急事態《ちょうちょうきんきゅうじたい》。死《し》に物狂《ものぐる》いでその場を逃げきった信長（『金ケ崎《かねがさき》の退《の》き口《くち》』って言うよ）ですが、そのあと待っていたのは、さらにシビアな状況でした。

浅井・朝倉の行動がキッカケとなったのか、「信長気に食わねー!!」という感情がシンクロしたのか、

・三好三人衆《みよしさんにんしゅう》
・六角義賢《ろっかくよしかた》
・比叡山延暦寺《ひえいざんえんりゃくじ》の武器を持ったお坊さんたち
・大坂《おおさか》（石山）本願寺《ほんがんじ》と信者のみなさん
・雑賀衆《さいかしゅう》

といった、武将やお坊さんにその信者、鉄砲傭兵《ようへい》集団などなどが、一気に信長と敵《てき》対《たい》し始めるんですね。

これが世に言う
第一次信長包囲網《だいいちじのぶながほういもう》
です。

四方八方《しほうはっぽう》が敵だらけとなり、絶体絶命の信長。
冷《ひ》や汗《あせ》の出ない時間帯はない、というくらいのトロピカルピンチ。

信長「くっ……こうなればもう、あれしかない……!!」

この窮地《きゅうち》を脱《だっ》するため、信長が繰《く》り出した奥の手は……

信長「はいはい！　仲直り仲直り！　いったん仲直りしましょー！　ねー!!」
本願寺「え」
六角「あ」
三好「まぁ」
浅井・朝倉「はぁ……い」

いったん、みんなと仲直り。
朝廷や将軍・義昭さんに間に入ってもらい、なんとかこの包囲網をくぐり抜けたのでした。
ところが、

信長「これで終わったと思うなよ――!!」

「ちょっとの間おとなしくしとこ……」とならないのが、信長の信長たる所以《ゆえん》。

各所《かくしょ》と仲直りして1年と経たないうちに、浅井・朝倉の味方をした比叡山延暦寺を焼き討《う》ちにしてしまったんです。

そしてここから、信長の華麗《かれい》にて鮮《あざ》やかなる巻き返しが……始まりません。

信長「た、たた、武田信玄が攻めてきただと⁉」

仲良くしてたはずの武田信玄が、信長包囲網にサプライズ参戦《さんせん》。そう、信玄が攻めてきたのは、こういうタイミングだったんです。

さらには、

信長「義昭さんが兵を挙《あ》げたぁ⁉」

タッグを組んでいた足利義昭との関係がこじれ、将軍までもが信長を討《う》とうとする事態に発展。

第一次メンバーにプラスして、

武田信玄

足利義昭

その他たくさんの武将や、伊賀衆《いがしゅう》・甲賀衆《こうかしゅう》なんかの忍者集団までもがブワ――ッと信長を囲み、まったまたの大きな網、

第二次信長包囲網

が出来上がってしまったのでした。

というのが、信長さんの近況でございます。

ここ数年「控《ひか》えめに言って最悪……」という状態が続いていた信長。

そんな中、飛び込んできたのが、

〝信玄死す〟

のニュースですから、「ッシャ――――!!」というガッツポーズ具合は、すごかったんじゃないでしょうか。そして、

信長「こっから巻き返すぞ!!」

包囲網最強の一角が崩《くず》れたってことは、信長&家康にとっては大きなチャンス。2人による怒濤《どとう》のカウンター攻撃が始まるんです。

信長「これで終《しま》いだ、朝倉、浅井ぃぃぃ!!」

信長は、因縁《いんねん》の2人を、朝倉→浅井の順番でぶっ倒し、

信長「義昭さん！　あなたとはもう、おサラバだぁぁぁ!!」

将軍・足利義昭を、京都から追放《ついほう》。そして、

家康《いえやす》「そこはオレの領地だぁぁぁぁ!!」

家康は家康で、武田《たけだ》に奪われた領地を取り返していき、2人とも信玄《しんげん》に使っていたパワーを他に向けて、全解放していくんですね。

戦国最強バディ、ここに大復活《だいふっかつ》……ダケド、

武田、イナクナッタ、ワケジャナイ。

タケダノキョウフ、マダ、

オワラナイ（カタカナ並ぶと怖《こわ》いね）。

パート2

すみません、こちら騎馬隊ですが……鉄砲の数すごいんだけど、突撃しろと？

さて、【長篠《ながしの》の戦《たたか》い】パート2です。

じゃ、まずはおさらいから！

武田《たけだ》信玄《しんげん》さんお亡くなりに。←

家康《いえやす》は、「やったー！」←

信長《のぶなが》は、二度の包囲網《ほういもう》でヘロヘロ真っ最中だったので、さらに「やったー！」←

2人暴れまくり。しかし……

武田《たけだ》がいなくなったわけじゃありません。

そう、亡くなったのは〝武田信玄〟その人で、〝武田家〟が消えたわけじゃないんです。

信玄には、**武田勝頼《かつより》**という息子がいます。

今度は、その武田ジュニアが、

武田勝頼「信長！　家康！　次はこのオレが相手だ‼」

的な感じで攻めこんでくるから、武田とのバトルは、まだまだぜーんぜん終わりません。

信玄パパに負けず劣《おと》らずの勢いで、信長や家康の領地を奪っていく勝頼。

そんな彼が、次のターゲットに選んだのが、長篠城《ながしのじょう》（愛知県新城市《しんしろし》）と奥平信昌《おくだいらのぶまさ》（こんときは定昌《さだまさ》）です。

「長篠城？　奥平？　なんだそれは？」

たしかに。よく知りませんよね。

でもとりあえず、長篠城と奥平さんが、家康側のお城と武将だった。ってことだけをわかっといてもらえたらオッケーです。

そしてもう1つ。

信玄が三河《みかわ》に侵攻してきたときには、長篠城と奥平も武田に奪われた。けど、信玄が死んで、家康がそれをまた取り返した。というのも知っておいてもらえると助かります。

んで。

それをまたまた勝頼が奪い返そうとしてる、ってのが、このときの状況です。

長篠城は、三河、遠江《とおとうみ》、信濃《しなの》（長野県《ながのけん》）をむすぶ交通の要衝《ようしょう》（大切な地点）にある城なんです。当然、なんとしても手に入れたい。

そして今、長篠城を守っているのは奥平。あのとき武田に従《したが》ったくせに、また徳川についたこいつのことは、ガチで許《ゆる》せない。

落としたい城とシバきたい相手がセットになってるなんて、いちご大福《だいふく》と同等の夢のコラボ。

てなわけで、全力で長篠城を攻める勝頼くん。
長篠城の東に「鳶ノ巣砦《とびのすとりで》（or鳶ケ巣砦《とびがすとりで》）」ってのをつくり、自分は北側にスタンバイ。
城の兵〝約５００〟に対し、〝１万５０００〟の軍勢で長篠城を取り囲むんですね（どちらの兵数も諸説《しょせつ》あり）。

家康「ダメ――――!!」

となります家康は。
攻めづらいお城ですから、すぐには落ちません。でも、兵力差《へいりょくさ》は30倍。

家康「時間の問題――――!!」

です。
なんとか長篠城を救わなければ……。しかし、徳川だけでは武田と戦える兵力がそろわない。となれば……

家康「信長さーん！　援軍《えんぐん》お願いしま――――す‼」

やっぱり信長を頼るんですね。

すると信長、

「これは武田をぶっつぶせるチャンスだ！」

と思ったのか、

「今まで自分の戦いが大変すぎて、家康からの援軍要請《ようせい》に満足にこたえたことなかったな……。次もそれだと、家康から『お友達やめましょ』って言われるかも……」

と思ったのか、どれがホンネかはよくわかんねーけど、家康のいる岡崎城《おかざきじょう》（愛知県）になんと、**3万の兵**を率いて駆けつけるんです（兵数諸説ありです）。

あっちがその気ならこっちもと、まるでオークションのように膨《ふく》れ上がった兵の数。

結果、織田・徳川連合軍は3万8000という大軍で、岡崎城を出発したのでした。

少し話はそれますが……

『長篠の戦い』での家康の印象って、「あー、そういやいたな……」くらいの感じじゃありません？

しかし、読んでもらったように、**実際の『長篠の戦い』ってのは「家康VS.武田」の領地争《りょうちあらそ》いで、本当は家康の戦いなんです。**信長はあくまで〝援軍として呼ばれた人〟。だけど、３万という大軍をぶっ込んだ信長が、織田・徳川連合軍のリーダーとなっちゃって、いつのまにかこの戦いを全部持っていっちゃったんですね。

おかげで、現代の教科書や物語で語られる『長篠の戦い』は、ほぼ信長一色。良くも悪くも、主人公感ハンパありません。

話を戻しましょう。

武田との決着をつけるべく、長篠城の西「設楽原」ってとこに到着した織田・徳川連合軍。

設楽原を見渡した信長と家康は言います。

信長「デッコボコだね」

家康「デッコボコすね」

言ってません。が、たしかに設楽原は、〝原〟とは言いつつ、かなりデコボコな地形（いわゆる丘陵地《きゅうりょうち》ってやつ）。

そこに目をつけた信長は、

信長「よし！　この地形を利用して、陣地をつくるぞ!!」

〝設楽原の全面プロデュース〟に取りかかるんです。

騎馬隊の攻撃を防ぐための柵《さく》をたて（「馬防柵《ばぼうさく》」って言います）、地面をけずって土の堤防《ていぼう》をつくり（「土塁《どるい》」って言います）、軍勢をバラバラに配置《はいち》。

そのさまは、あたかも〝設楽原という名の要塞《ようさい》〟です（こういうのを「野戦築城《やせんちくじょう》」って言うよ）。

それに加え、用意された火縄銃《ひなわじゅう》の数がとんでもありません。**戦国のこれまでの戦いで使用されてきた鉄砲の数とはケタ違いの３０００挺《ちょう》**——。

攻めてきた敵を１人たりとも逃さない、さしずめ〝火薬という名のクモの巣〟です（火薬という名のクモの巣って何ですか？）。

準備は整いました。あとは武田軍が攻めて来るのを待つだけ。

勝頼がこの地に足を踏み入れたが最後、信長たちの勝利は確定。

ただ、１つだけ問題が。
攻めて来なかったら……
どうしよう？

勝頼「だーから大丈夫だって!! 勝てるって！ オレらも設楽原行くぞ!!」

来てくれるみたい。
勝頼は、信玄時代からの家臣たちが反対するのも聞かず、設楽原に移動してスタンバイ。小川（連吾川《れんごがわ》）をはさんで、織田・徳川連合軍と対峙《たいじ》したのでした。

信長「きたぁ――――!! これは天が与えた大チャンスだ!!」

歓喜《かんき》にふるえる信長。勝利がグゥッと近づいたところで、

信長「会議に入る！ 作戦練っていくぞ！」

織田・徳川の合同会議を開きます。

酒井忠次《さかいただつぐ》（家康家臣）「鳶ノ巣砦《とびのすとりで》を奇襲《きしゅう》しましょう！　ここを崩《くず》せば、長篠城を救うことができるし、武田軍の退路《たいろ》を断《た》つことにもなります！」

信長「なんだそのアイデアは……？　話にならん！　会議は終わり、解散！」

忠次「そんな……（肩を落としながら、その場をあとにする忠次）」

信長「酒井！　ちょっと戻ってこい。……さっきの案、素晴らしかったぞ」

忠次「え」

信長「会議に武田のスパイがまぎれこんでるかもしれんからな、お前の意見を一蹴《いっしゅう》した。だが、オレも鳶ノ巣砦を奇襲するべきだと思う。そして、その役割をお前に任せる」

忠次「あ……はい!!」

なんか缶コーヒーのCMっぽい（雰囲気が）。

酒井忠次は、**徳川四天王**《とくがわしてんのう》と言われる家康の右腕《みぎうで》的存在です。そんな忠次と信長との、かなりしびれるエピソード……なんだけど、信憑性《しんぴょうせい》に欠けるんです（紹介しといてごめんなさい）。

ただ、酒井忠次が別働隊《べつどうたい》をひきいて、鳶ノ巣砦に向かったのはホント。

深夜にこそーっと鳶ノ巣砦の背後にまわり、夜が明けると、

忠次「かかれぇぇ―――――――!!」

奇襲をかけ、いくつかあった砦《とりで》たちを、バン！　バン！　バン！　バン!!　と、すべて落とすことに成功します。

これで、長篠城の救出という、本来の目的は果たせました。

そして、信長、家康、勝頼がそろったメイン会場では……

勝頼「織田、徳川を蹴ちらせぇぇぇ―――!!」

パカラッ、パカラッ、パカラッ、パカラッ!!

勝頼が織田・徳川連合軍への攻撃を開始。

しかし……

織田家臣「鉄砲隊かまえ!!」

ザッ！　カチャ……

敵をめがけ、突撃を繰り返す武田騎馬隊は、

織田家臣「はなてぇぇぇ――!!」

ババババババ――ン！！！！！

武田騎馬隊「グゥワアアア――――！！！！」

鉄砲で

織田家臣「はなてぇぇぇ――!!」

ババババババ――ン！！！！！

武田騎馬隊「グゥワアアア――――！！！！」

鉄砲で……！

ババババババババ――――ン！！！！！

ヌゥワアアア――――！！！！！

鉄砲で……!!

ババババババババ――――ン！！！！！

ウワアアアアア――――！！！！！

鉄砲で……！！

バババババババババババ――――ン！！！！！

入れ替わり立ち替わり攻め寄せる武田騎馬隊は、入れ替わり立ち替わり放《はな》たれる無数の弾丸《だんがん》によって、次々と倒《たお》されていったんです。

当時の鉄砲は、１発を放つまでの準備に30～40秒くらいはかかったそう。鉄砲隊がいたとしても、その準備の隙《すき》をつき、

「突撃《とつげき》すりゃなんとかなる！」

ってのがセオリーだったんです。が、織田・徳川連合軍の鉄砲の数は、その常識を見事に破壊していったんですね。

信長の用意したディフェンス（馬防柵）とオフェンス（鉄砲）の前に、武田騎馬軍団の最強神話《さいきょうしんわ》は崩壊《ほうかい》。

代わりに待っていたのは、優秀な家臣団とおびただしい兵の、喪失《そうしつ》です。

やがて、自軍《じぐん》の敗北《はいぼく》を悟《さと》った勝頼は、戦場から撤退《てったい》。

この瞬間、**織田・徳川連合軍の歴史的大勝利**が決定したのでした。


と、いうわけで、以上が『長篠の戦い』の大まかな流れでございます。

しかし、実はまだ超重要な部分に、一つも触れてません。

次にお届けするのは『長篠の戦い』の核心《かくしん》部分。キーワードはもちろん、「鉄砲」です。

パート3

くるくるくるー、はいまわってー、
くるくるくるー……

【長篠《ながしの》の戦《たたか》い】はこれで最後。
もう流れはお届けしたけど……とりあえず、おさらいはやっときましょう。

武田勝頼《たけだかつより》が長篠城を囲んじゃう。
←
「こりゃヤベー」と、家康《いえやす》が信長《のぶなが》を誘い、長篠城を助けに。
←
設楽原《したらがはら》で、織田《おだ》・徳川《とくがわ》連合軍VS.武田の戦闘開始。
←

しっかりとした陣地《じんち》づくりと大量の鉄砲《てっぽう》により、

バタバタ倒れていく武田騎馬隊《きばたい》。

←

で、「織田・徳川連合軍が勝ったよー」というのが、これまでのお話でした。

武田家は、この戦いをキッカケに大きくパワーダウン。その後、数年間はねばりますが、最後はけっきょく、信長に攻めほろぼされます。

この時点で（ちょっと前からだけど）、信長の〝日本ナンバー1大名〟の地位は、揺《ゆ》るぎないものになったんですね。

さて、話は変わりませんが、『長篠の戦い』といえば、やっぱり「鉄砲」。

前回までの話で、大量に使われたってのはわかってもらえたと思うんですが、メインディッシュの割には、よくわかってない部分がそこそこあるんです。

今13歳のみなさんの親御《おやご》さんの世代になるでしょうか、昭和生まれの方々は「『長篠の戦い』では、鉄砲の〝三段撃《さんだんう》ち〟が行われた」と、学校で教わったのを覚えてらっしゃるでしょうか（平成生まれもそーなのかな？）。

お伝えしたように、当時の鉄砲（火縄銃《ひなわじゅう》）は時間ドロボーです。

銃口《じゅうこう》から火薬と弾丸《だんがん》を入れて、それを棒《ぼう》で押し込み、さらに……みたいな感じの準備が必要なので、その間にやられちゃうこともしばしば。

『長篠の戦い』より前に、鉄砲がそんなに活躍しなかった大きな理由はまさにこれだったんですね。

しかし、**そんな鉄砲の弱点をカバーしたのが、革命児《かくめいじ》・信長の〝三段撃ち〟です。**

3000の鉄砲隊を、1000人ずつ横にズラーッと3列に配置《はいち》。

↓

1列目の1000人が一斉《いっせい》に射撃《しゃげき》。

↓

その間2列目3列目は弾込《たまご》めの準備。

↓

射撃の終わった1列目は後ろへまわり準備。
↓
今度は2列目が前に出てきて射撃。
↓
このローテーションで、時間をあけることなく連続して攻撃することができた。

というメチャクチャ画期的《かっきてき》な戦法《せんぽう》。これが、〝三段撃ち〟です。
すごいですよね。このアイデア思いついたとき信長も「あ！　きた!!」と叫《さけ》んだん
じゃないでしょうか？

ただこの戦法、実際には、

なかった。

っぽいです。
「え!?」っと驚かれた方も多いかもしれません。
しかし、かなり前からこの説は出ていて、今では
「『長篠の戦い』で三段撃ちなんてやってない」
ってのがスタンダード。当たり前になってるくらいなんです。

それにはいくつか理由があってですね……

・１０００人で一斉射撃するとなっても、都合よく、全員の前に横一列で同時に敵が現れるわけじゃない（でしょ？）。

となると、目の前に敵が迫って来てない兵士も射撃することになり

「……すみませーん！　さっきからオレ誰もいないとこに撃ってんすけど!?」

ってことになり、弾《たま》がもったいなさすぎ。

・鉄砲を準備する技術には個人差がある。一斉射撃をするなら一番遅いやつに合わせることになるので、ベストタイミングでの射撃は無理。

「ちょ、ちょっと待ってくださーい！」「早くしろテメー！　敵が来てんだよ！お前のせいでやられ……ギャー！」

てなことになる。

・この時代の鉄砲は、火薬を入れたり、直接火をつけたりするもの。ただでさえ暴発が怖いのに、何千人がせわしなくローテーションしてたら、ドン！　とぶつかって、ボン！　となる可能性大。

・そもそも、信頼度の高《たか》い史料《しりょう》（『信長公記《しんちょうこうき》』ってやつ）に、〝三段撃ち〟のことなんて1ミリも書かれてない。

などの理由から、**「三段撃ち……現実的じゃねーな」**となったんです。

さらに、よくわかってないのが〝鉄砲の数〟。

鉄砲が3000挺《ちょう》てのは、史料（これまた『信長公記』）に書かれてることなんですが、「千挺」って書かれたそばに「三」て足されて、「三千」になってるらしいんですね。

なので、

「え、なにこれ？　太田牛一《おおたぎゅういち》（著者）の訂正？　ほかの誰かの加筆《かひつ》？　太田自筆《じひつ》の『信長公記』ってもう1つあるけど、それは〝千挺〟のまんまだよ。ホントは1000挺なんじゃね？」

てなことになり、鉄砲の数に関しても不確定が確定していて、ホントは1000なのか、3000なのか、ビミョォーなとこなんです。

でもね、

「なんだぁー、ホントは鉄砲って大したことないんじゃない？」

なんて思ったら、鉄砲がかわいそう。

鉄砲くんがグレてお家を飛び出していって、家出鉄砲になり、自分に火薬多めに入れて暴発《ぼうはつ》なんてしたら大変です（ずっとなんの話でしょう）。

だから、フォローを入れとくと……

まず、鉄砲の数が1000挺だったとしても、〝大量〟ということに変わりはありません。

それに、史料には、

「鉄砲1000挺くらいを、佐々《さっさ》、前田《まえだ》……（計5人の名前）を鉄砲奉行《てっぽうぶぎょう》として……」

なんて書き方がされてるので、取り方によっては
「5人の家臣に分け与えられた鉄砲の数が、1000挺」

とも解釈できますよね。

つまり、織田・徳川連合軍が〝全体で持ってた鉄砲の数〟は、もっと多かった可能性だってあります（鳶ノ巣《とびのすとりで》砦を攻めた部隊にも500挺持たせてるようですし。でも可能性だよ、可能性）。

さらに、三段撃ちだって……これ自体はまぁなかったかもしれませんが、1000挺の〝一斉射撃〟が無理というだけ。

部隊を数ヶ所にわけて順番に撃ちまくれば、それは〝連続射撃〟。

その効果が絶大《ぜつだい》だったことに、間違いはありません。

なので、いろいろはっきりしてない鉄砲情報ですが、『長篠の戦い』で果たした役割は大きかった……これだけは確かだと思います。


はい、では、『長篠の戦い』で、僕らが学べる部分はどこなんでしょうか？

「鉄砲を使った信長のように、どんどん新しいものや技術を取り入れるべきだ！」

というのは、「まぁそうねぇ……」という感じ。

それよりも、この戦いの勝敗に目を向けると見えてくるのは、

「鉄砲だけに頼ってない信長さん」

ってとこなんですよね（ここからまた、個人的意見です）。

『長篠の戦い』での信長・家康の一番の勝因《しょういん》は、鉄砲を使ったこと……じゃなくて、

「やっぱり、相手より兵の数が多かったからだよね」

って言われてるんです（諸説ありだけど、織田・徳川連合軍3万8000、武田軍1万5000）。

そのほかにも、

「陣地作り（野戦築城）が決め手だ」

とか、

「蔦ノ巣砦をおさえて、後ろからプレッシャーかけたのがよかったんだ」

などなど、専門家によって意見はわかれますが、

「一番の勝因は、むしろ鉄砲よりも……」

って感じなんです。

信長って、『桶狭間の戦い』の印象が強いせいか、

「少ない兵でも戦いを挑《いど》んで、奇抜《きばつ》なアイデアで切り抜ける」

みたいなイメージがあるかもしれませんが、桶狭間はむしろイレギュラー。

それ以降は、たーくさんの兵数・物量《ぶつりょう》をそろえ、**準備をキッチリ整えて、手《て》堅《がた》い戦いをしようとしてる**んです（基本的にね）。

僕らは、普段の生活でも、何かにチャレンジしてるときでも、躍進《やくしん》や打《だ》開《かい》をはかるためには、画期的なアイデアや新しい技術が必要だと考えがち。

しかし、『長篠の戦い』における信長の姿は、

「まずは手元にある素材でどれだけの準備ができるか。新たな技術（アイデア）を活かすのはそれからだ」

ってことを伝えてくれてるような気がします。

すごく当たり前の結論ですが、どんなジャンルにおいても「基本をしっかり」とい

うのは、一番大切な要素。

〝新しい力〟っていうのは、基礎や基本をおろそかにしなかった人だけが扱《あつか》える、ブースト装置《そうち》のようなものなのかもしれませんね（以上、個人の考えでございました）。


さて、続いてのお話ですが、あまりに有名なので、タイトルが引きになると考え、告知します。

次章、【本能寺《ほんのうじ》の変《へん》】です。

どうぞお楽しみに。

本能寺の変

パート1
炎の中に消えた英雄

日本史の中で一番有名な出来事じゃありません？　『本能寺の変《ほんのうじのへん》』て。内容をご存知《ぞんじ》の方も多いと思うんですが、一言で言えば、

「織田信長殺人事件《おだのぶながさつじんじけん》」

ですよね（実際は自死ですが）。
もうちょっとだけ解像度を上げるなら、

《1582年。京都《きょうと》の本能寺ってお寺にいた**織田信長が、明智光秀《あけちみつひで》って家臣《かしん》に襲《おそ》われちゃう。**で、信長は命を落としちゃう。
誰もが予期《よき》しなかった織田信長の死。**当時の天下人《てんかびと》が突然消えた**ことにより、あらゆる武将《ぶしょう》の立場が劇的《げきてき》に変わったのでした》

という感じになります。

天下取《てんかと》りレースの先頭《せんとう》を爆走《ばくそう》する信長がいなくなったんですから、戦国トピックスの中でもSSランクの重要度。

しかもそれが、**謀反《むほん》（家臣《かしん》の裏切り）**によるものなんですから、SSSランクの真《ま》っ青《さお》度です。

そして、『本能寺の変』がここまで有名になった原因の1つに、明智……

という話の前に、まずは事件の中身ですよね。だいたいの流れを知っとかなきゃ、なんのことやらサッパリですもの。

では、さっそく中身をお伝えしていきたいんですが、

『本能寺の変』で一番重要なポイントは、たった1つ。ハムエッ……

という話の前に、まずは事件の中身ですよね。

〝有名になった原因〟と〝重要なポイント〟を知るためにも、まずは事件の流れから。

ではまいります。『本能寺の変』。

『長篠《ながしの》の戦《たたか》い』から7年後。

信長・家康《いえやす》は、ついに東日本最大の敵、武田家《たけだけ》を滅《ほろ》ぼします（『甲州征伐《こうしゅうせいばつ》』って言

うよ)。なっがい戦いだったけど、信長は武田の持ってた領地《りょうち》をゲット。一緒《いっしょ》にがんばった家康にも、

信長「家康くん、駿河国《するがのくに》あげるよ」

家康「え、いいんすか⁉　あざーす‼」

駿河国をプレゼントするんですね。テンション爆上《ばくあ》げとなった家康は、「こりゃ、ちゃんとお礼言わねーと!」ってことで、信長のお城・安土城《あづちじょう》(滋賀県《しがけん》)をたずねます。

家康「この度は、駿河国をいただき、本当にありがとうございます!」

信長「いや全然全然!　もうぜーんぜんよ!　それよりゆっくりしてってね。こっちはもてなす気まんまんなんだから覚悟《かくご》しろコノヤロー!　ハッハッハッ……あ、そうだ、ここにいるあいだのお世話はこいつがやるから。光秀、ぷちょへんざ」

光秀「ちぇけら」

このとき、家康の接待《せったい》役をまかされたのが、『本能寺の変』を起こした張本人《ちょうほんにん》、

明智光秀

です（会話の内容はもうぜんぶ無視して）。

信長、家康、光秀。戦国時代を大きく動かした役者がそろった、安土城レセプションパーティー。

信長と家康が「あれ、ちょっとやせた？」「え、前より太ったんすけどね？」なんて会話に花を咲かせ（てないでしょうが）、なごやかムードに肩《かた》までつかってるところへ、

一通の手紙が届きます。

送り主は、もう１人の立役者、

羽柴《はしば》秀吉《ひでよし》（豊臣《とよとみ》秀吉）。

手紙の内容は、

秀吉「信長さま！　毛利《もうり》の家臣がいる備中高松城《びっちゅうたかまつじょう》（岡山県《おかやまけん》）を攻めてたら、毛利軍の本隊が出てきました！　ここで毛利を叩《たた》きたい！　信長さまのお力を貸してくださいい!!」

というものです。

毛利ってのは中国地方のほぼ全域《ぜんいき》を支配してるスーパー大名《だいみょう》。東日本のラスボス級が武田だとしたら、西日本のラスボス級がこの毛利です。

中国地方攻《ぜ》め（中国方面軍）のリーダーをやってた秀吉は、

「いよいよ毛利が出てきた！　信長さん助けて！」

ということを伝えてきたんですね。

これを受けて信長は、

信長「これは天が与えてくれたチャンスだ！（だいたいいつも、天のことを気にする信長）オレが出陣《しゅつじん》して、中国地方のやつらを全員倒《たお》し、その勢いで九州《きゅうしゅう》まで平定《へいてい》してやる！」

と、戦闘《せんとう》モードにスイッチが入り、

信長「光秀！　家康くんの接待役《せったいやく》は終わりだ！　お前には援軍《えんぐん》の先陣《せんじん》を命《めい》ずる！　すぐさま秀吉のもとへ向かえ！」

光秀「はっ！」

光秀に中国地方へと向かうよう命令したのでした。
で、こっからなんやかんやあって、2週間後に『本能寺の変』です。

……え？

ですよね。
「え、急になに？」感がすさまじい。
とにかくまっさきに浮《う》かぶのは、

“2週間で何があったんだ……？”

って言葉《ことば》です。
ならば、ちょっと見てみましょう。
・秀吉の手紙が届いた、天正《てんしょう》10年（1582年）5月17日(たぶん、この日あたり)
から、
・『本能寺の変』が起きた、6月2日

までの、2人の2週間を（ちなみにこのときは「旧暦《きゅうれき》の小《しょう》の月《つき》」って言って、5月は29日まで）。

この期間に、信長と光秀がなにをしていたのかがわかれば、「あー、だからあんな事件が起こったのね」と、気持ちのいい『本能寺の変』をむかえることができそう。

ということで、

「『本能寺の変』の前日《ぜんじつ》まで、2人がなにをしていたのか？」

を、かみくだいてお伝えします。

またもや登場の『信長公記《しんちょうこうき》』（太田牛一《おおたぎゅういち》って人が書いたやつ）という史料《しりょう》をガリッゴリにアレンジして、

「もしもこの時代に、かわいい絵日記があったら」

というテイストにしてみたので、ちょっと読んでみてください。絵はないけど！

パート2

6月2日

さ、【本能寺《ほんのうじ》の変《へん》】パート2です。
おさらいいっときますよ。

武田《たけだ》を倒《たお》した信長《のぶなが》・家康《いえやす》、安土城《あづちじょう》でウキウキパーティー。
←
秀吉《ひでよし》から「信長様、備中《びっちゅう》まできてー!」の手紙届く。
←
信長「光秀、先に行っといて! オレもあとで行くから!」
←
その2週間後に本能寺の変。
←

え、何があったの……？

というわけで、『本能寺の変』までの2週間を見てみなければ、って話でしたね。
この間に何かキッカケがあったはず……？
それでは、お伝えした通り、
「もしもこの時代に、かわいい絵日記があったら」
というテイスト（絵はない）で、2人の2週間を追ってみましょう。
それでは、どうぞ。

〈信長さんの5月17日～6月1日〉

5月17日。
秀吉さんから手紙が来ました。「いよいよ毛利《もうり》と戦えるぞ！」と思った信長さんは、光秀くんたちに、先に秀吉のとこに行ってくれと言いました。

5月19日。
信長さんは、家康さんたちと舞《まい》（幸若舞《こうわかまい》）を見ました。舞がすごくよかったので、

信長さんのキゲンはすごくよかったです。

けど、早くおわったので、翌日《よくじつ》に、能《のう》をやってもらう予定の人に、1日前倒《まえだお》しで能をやってもらいました。

能はぜんぜんダメでした。だから信長さんは怒《おこ》りました。

だからもう1回、さいしょの人に舞を見せてもらいました。やっぱり舞はすごくよかったので、信長さんのキゲンはなおりました。

5月20日。

信長さんは、家康さんのおせわをする人を、新しく選びました。

そして、家康さんと家康さんの家臣《かしん》たちといっしょにごはんを食べました。信長さんは、家康さんたちにすごく敬意《けいい》を表してる感じがしました。

5月21日。

家康さんたちは、京都や堺《さかい》（大阪府《おおさかふ》）に行きました。

信長さんが、

「せっかくだから、京都や大坂、奈良《なら》や堺を、のんびり見物してきたらいいよ！」

とオススメしたからです。

信長さんは、家康さんに案内役の人をつけてあげて、ほかの家臣にも「大坂で家康くんの接待をしてあげて！」って言いました。


5月29日。

信長さんは京都に行きました。お留守番《るすばん》のみんなに
「戦いの準備をして待っててね。命令したらすぐ出てきてね」

と言いました。

少ない人数で京都に行って、いつも泊《と》まってる本能寺に着きました。


6月1日。

信長さんは、お茶会《ちゃかい》をひらきました。たくさんの人が来てくれて、そのあとはみんなでお酒を飲みました。息子の信忠《のぶただ》さんとも飲みました。

信忠さんが帰ったあとは囲碁《いご》の対局《たいきょく》を見て、夜遅《おそ》くにねました。


〈光秀くんの5月17日～6月1日〉

5月17日。

光秀くんは、信長さまから「先に中国地方に行け」と言われました。だから、自分のお城の坂本城《さかもとじょう》（滋賀県《しがけん》）に帰って、戦いの準備をしました。

5月26日。

光秀くんは、中国地方へ行くために坂本城を出発して、亀山城《かめやまじょう》（京都にある光秀のお城）にうつりました。

5月27日。

光秀くんは、愛宕神社《あたごじんじゃ》にお参りに行きました。

ちょっと思うところがあったのか、2度も3度もおみくじをひいたそうです。

この日はそのまま神社に泊まりました。

5月28日。

光秀くんは、愛宕山《あたごやま》の威徳院西坊《いとくいんにしぼう》ってところで連歌《れんが》の会を開きました（「連歌」とは、上《かみ》の句《く》（五七五）と下《しも》の句（七七）をそれぞれ別の人が詠《よ》んで、つなげていくという遊び）。

連歌は光秀くんからスタートして、

「ときは今《いま》　あめが下《した》しる　五月《さつき》かな」

という句を詠みました。

百韻《ひゃくいん》（百句《ひゃっく》）を詠んで神前《しんぜん》に納めて、亀山城に帰りました。


6月1日。

光秀くんは夜になって、信長さんを討《う》つことを重臣《じゅうしん》（メチャえらい家臣）たちに伝えました。

亀山から中国地方へ行くとき、ふつうは三草山《みくさやま》を越《こ》えます。だけど光秀くんは、そこには向かわず東にすすみました。

兵たちには、

「老ノ《おいの》坂《さか》に上り、山崎《やまざき》をまわって摂津《せっつ》を通るよ」

と言っておきました。

そして、老ノ坂へ上りました。

右へ行けば、山崎。左へ下れば、京都へ出る道です。

光秀くんたちはここを左へ下り、桂川《かつらがわ》を越えたところで、夜が明けてきました。


以上、「僕たちの『本能寺の変』」でした。

なかったですね。キッカケ。

そう、キッカケなんてないんです。大切な人を傷つけられたとか、お前はクビだ！って言われたとか、後ろからスライディングされたとか、そんなのはどこにも書かれておりません。

6月1日、光秀は突然《とつぜん》「信長を討つ」と言い出してます。でも、これほど重大な決断、本当はもっと早く重臣に伝えてた可能性はありますよね（可能性としてね）。

5月27日、「2度も3度もおみくじをひいた」理由が、〝信長に関してのこと〟だったのなら、この時点で「信長を討つ」という選択肢《せんたくし》が頭の中にあった……かもしれません。

どうやら、信長を討つキッカケ＝動機《どうき》ってやつは、この2週間よりもっと前にありそう。で、信長がごく少人数で行動するというチャンスがおとずれたから……。

なんにせよ、**信長を討とうと思った理由は謎《なぞ》。**

でもとにかく、

「このあと光秀は、おもいっきり謀反《むほん》を起こす」

これだけは事実です。

と、いうわけで……。

光秀の引き連れた大軍団は、中国地方とは真逆《まぎゃく》の方向に進み、京都・本能寺へと迫ります。

そして、いよいよ信長と光秀にとって運命の日……、

『本能寺の変』当日を迎《むか》えるんです。

6月2日。明け方。

昇《のぼ》ってくる太陽と足並《あしな》みをそろえるかのように、本能寺を取り囲《かこ》んだ明智軍。

毛利に向けられるはずだった巨大な軍事力が、信長の寝所《しんじょ》となった寺院《じいん》へ次々と乱入していきます。

にわかに慌《あわ》ただしくなる辺り一帯《いったい》。

地《ち》を踏《ふ》み、銃《じゅう》を構え、槍《やり》を突《つ》き出すすべての音が、主従関係《しゅじゅうかんけい》を崩《くず》す調べとなり、信長に襲《おそ》いかかる序曲《じょきょく》となります。

一寸先《いっすんさき》で凶刃《きょうじん》に倒れる者たちは、刻々《こっこく》と迫《せま》る非常事態《ひじょうじたい》にまだ気づきません。

有能な家臣が牙《きば》を剝《む》いたことなど知るよしもない信長。外の喧騒《けんそう》を下々《しもじも》の者の喧嘩《けんか》だとみなしますが、それが間違《まちが》いとわかるのに時間はかかりませんでした。

明智軍「オオォォォォォォォ――――――！！！！！」

本能寺を飲み込む、けたたましい鬨《とき》の声。

そして――

ババババババ――――――ン！！！

放《はな》たれる銃弾《じゅうだん》。

信長は悟《さと》ります。

信長「謀反《むほん》か。誰《だれ》のしわざだ」

主君《しゅくん》の問いに、信長の小姓《こしょう》（位《くらい》の高い人に仕《つか》えた者）、森蘭丸《もりらんまる》は、

蘭丸「明智軍と見受けます！」

光秀による裏切《うらぎ》りだと回答。

蘭丸の報告を受け、信長は次の言葉を発します。

信長「是非《ぜひ》に及《およ》ばず」

明智光秀の率《ひき》いた軍勢《ぐんぜい》は1万3000。

毛利征伐《せいばつ》のため戦闘《せんとう》準備を整えた明智の大軍に対し、本能寺に滞在《たいざい》する兵力《へいりょく》は、数十人の小姓衆《こしょうしゅう》と御番衆《ごばんしゅう》（警固《けいご》の者たち）。

これから起こる出来事は、およそ戦いと呼べるものではありません。

明智家臣「かかれぇぇぇ――――！！！」
明智軍「ワァアアアア――――！！！！」

巨大な暴力に蹂躙《じゅうりん》される本能寺。

次から次へと内部に侵入《しんにゅう》する明智軍に対し、信長たちはあまりに脆弱《ぜいじゃく》で、あまりに無力。間断《かんだん》なく押し寄《よ》せる武力に抗《あらが》う術《すべ》など持ち得《え》ません。

しかし、

小姓衆「ウルアァァァァァ――――！！！！！」

信長の家臣たちは、大軍勢に攻めかかります。

突如来る襲撃《とつじょきたるしゅうげき》に一瞬怯《いっしゅんひる》みはしたものの、すぐさま〝果《は》たすべき使命《しめい》〟が頬《ほお》を叩《たた》き、小姓衆は目前《もくぜん》の兵士に向かって行きます。
敵の中に飛び込み、斬《き》りかかり、明智軍の侵攻《しんこう》を捨《す》て身《み》で食い止める彼らの思考は、一つに統一《とういつ》されていました。
殿《との》をお護《まも》りするんだ——。
主君を護るため、命を振《ふ》り絞《しぼ》り戦う若者たち。
そして、信長自身も……。

明智家臣「かかれぇ——‼　かかれぇぇ——‼　信長の首はすぐそこだ‼」

ギリ……ギリギリ……

明智軍「オオオォォォォ——————!!!!!」

ヒュンッ!

弓《ゆみ》を手に取り、矢《や》を放《はな》つ信長。

弓の弦《つる》が切れれば、新たな弓に持ち替《か》え矢を放ち、その弓も使えなくなれば、槍《やり》を手に取り、迫《せま》り来る敵に敢然《かんぜん》と立ち向かったのでした。

自ら前線に立つその姿は、若かりし頃、巨大な敵・今川義元《いまがわよしもと》を倒した『桶狭間《おけはざま》の戦《たたか》い』を彷彿《ほうふつ》とさせます。

が、しかし。

信長のもとに、再びあの奇跡《きせき》が降り注ぐことはありませんでした。

御殿《ごてん》からは火の手が上がり、織田家臣たちは圧倒的《あっとうてき》な兵力を前に、斬《き》られ、突《つ》かれ、討《う》たれていきます。

肘《ひじ》に槍《やり》の傷を受けた信長は、

信長「女たちはもういい‼　急いでここから逃げろ！！！」

女房衆《にょうぼうしゅう》（女性の使用人）を逃し、ここに自分たちの未来がないことを認めたのでした。

劫火《ごうか》に覆《おお》われた本能寺。

信長は、御殿の奥深くへと歩《ほ》を進めます。部屋に入り、戸を閉め、すべてが崩《くず》れ去ろうとする空間で信長は、自らの命を絶ちます。

享年《きょうねん》49（満48歳）。

戦国時代に確かな軌跡《きせき》を残した織田信長。その最期《さいご》を見届《みとど》けた者は、誰一人としていません。

はい！

というのが、『本能寺の変』の流れでございます。

このあと、近くにいた信忠《のぶただ》（信長の長男）も、光秀に追いつめられ自害《じがい》。

これで、織田家への謀反が完成です。

ホントに何度見ても、小惑星《しょうわくせい》が左側頭部《ひだりそくとうぶ》にぶつかって右に倒《たお》れた首が戻らないぐらいのインパクトですよね、『本能寺の変』て。

さて、流れはお届けしました。

が、〝光秀が信長を裏切った理由〟の説明をしてないから、モヤついたままじゃありません？

ということで、次回。

『本能寺の変』における最大のポイント、〝**明智光秀の動機《どうき》**〟を、お届けします。

パート3

動機〜光秀が信長を討った理由〜

さて、【本能寺の変《ほんのうじ》】パート3です。
じゃ、まずはおさらいから!

少ない人数で本能寺に泊《と》まる信長《のぶなが》。
←
中国地方へ向かうはずの光秀《みつひで》が本能寺に向かい……
←
『本能寺の変』が起こっちゃう。
←
ちょっと待って、光秀の動機《どうき》っていったい……?

予告した通り、このパート3では光秀の動機についてお話ししたいところなんですが……

できないんです。

なぜなら、

わっかんねーから。

そう、**光秀が信長を裏切《うらぎ》った〝本当の理由〟って、いまだにわかってないんです。**

そして、それこそが

「『本能寺の変』を有名にした原因の1つ」

だったんですね。

光秀はなぜ信長を裏切ったのか。彼の〝動機〟がわかる史料《しりょう》が残ってない（見つかってない）から、理由は謎《なぞ》のまま。

でも答えがないからこそ、推理《すいり》推論《すいろん》推測《すいそく》憶測《おくそく》、予想《よそう》に夢想《むそう》に仮想《かそう》に妄想《もうそう》、仮定推定《かていすいてい》断定想定《だんていそうてい》、海老《えび》チリ麻婆《マーボー》に青椒肉絲《チンジャオロース》、もぉーありとあらゆる説をプロも素人《しろうと》も自由に展開することができた結果、さまざまなエンタメで取り上げられる極上《ごくじょう》コンテンツに

なっちゃった。それが、

『本能寺の変』なんですね。

しかし。

〝光秀の動機〟の手がかりがまったくない……ってわけじゃあございません。

むかしから、こんなこと言われてるのってご存知ですか？

「残虐《ざんぎゃく》で革新的《かくしんてき》な信長に、生真面目《きまじめ》で保守的《ほしゅてき》な光秀がついていけなくなった」

つまり、考え方や性格の違いから、「2人のあいだにでっけー溝《みぞ》ができたんじゃねーのか？」なんていわれてるんです。

それを表すわかりやすいエピソードが、

「比叡山延暦寺《ひえいざんえんりゃくじ》の焼き討《う》ち」

です（【長篠《ながしの》の戦《たたか》い】のパート1の中に出てきたよ）。

ざっくり言うと――、

敵対《てきたい》する延暦寺ってお寺を攻撃《こうげき》しようとする信長。ですが、光秀はこれに大反対。

「お寺を攻撃するなんてそんな！　やめてください信長様！」と必死で止めるけど、

「うるせー！　やるっつったらやるんだよ！」とキレられ、攻撃を決行。そこにいるお坊さん、関係する女や子どもまでもを大量虐殺《たいりょうぎゃくさつ》し、山もお寺も燃やしまくり。

これを目《ま》の当たりにした光秀は、「最悪だ……。やりすぎだよ信長さん！」と、心の中で超反発したのでした。

というものです（詳《くわ》しくは、詳しい本を読んでください）。

これどうですか？

「生真面目で保守的」な光秀の性格からすれば、信長の「残虐っぷり」は許せるわけがないし、2人のあいだに大きなズレが生じたのは確定的ですよね。

『本能寺の変』のキッカケになった匂《にお》いがプンプンします。

ただ、このエピソード……おそらく成立しません。なぜなら、

2人のキャラが違うから。

「いやいや、信長って残虐で革新的じゃん。キャラ違わないよ（笑）」と思った方もおられるでしょう。

たしかにこれまで語り継《つ》がれてきた信長のイメージをまとめると、

『独創的《どくそうてき》で天才的なアイデアをいっぱい出した、戦国時代の革命児！』

『逆《さか》らう者は皆殺《みなごろ》しにする、残忍で凶暴《きょうぼう》な独裁者《どくさいしゃ》！』

『古い伝統《でんとう》や社会をぶっ壊《こわ》し、武力で天下を統一しようとしたスーパーヒーロー！』

といった具合《ぐあい》になります。

でもね。**最近見直されてる〝リアル信長〟**は、みんなが抱《いだ》いてきたイメージの……

ほぼ逆です。

ま、ほぼ逆はかましすぎですが、そのくらい〝リアル信長〟と〝イメージ信長〟とでは、違う部分がドーッサリとあるんですね。

そんで、それは光秀もおんなじ。

では、一体どんなところが違うのか？

たとえば、お伝えした「比叡山焼き討ち」のエピソードですが、これこそまさに〝イメージ〟です。

〝リアル〟の「比叡山焼き討ち」には、

「そんなに焼いてないかも……」

という説があるんです（比叡山を調査してみたら、そこにあった建物は信長の時代より前に廃絶《はいぜつ》したものばかり。だから、実際に信長が燃やした建物は「ほんのちょっとかも……」の可能性があるんですって）。

それでも、比叡山を激《はげ》しく攻撃したのは確か。信長の家臣の中には、比叡山に協力

する村の人たちを
「なで斬《ぎ》りにしろ（皆殺しにしろ）」

と、ムチャクチャおそろしい命令を出した武将もいたくらいですから。

同僚《どうりょう》がこんな命令を出してると知ったら光秀は怒ったでしょうが、この命令出したのは、
光秀です。

そう、光秀は反発なんてしてません。それどころか**比叡山攻めを一番頑張ってたのが光秀なんです。**

てことは、つまり……

焼き討ちの話が盛《も》られちゃってる（可能性がある）から、信長がどこまで残虐だったかはよくわかんないし、光秀も保守的どころかイケイケ……ってことに。

2人の間のでっけー溝《みぞ》なんてどこにもありません。

だとしたら、信長と光秀のリアルって……？

では、このタイミングで、『本能寺の変』で一番重要なポイント、

「信長と光秀って、ホントはどんな人だったの？」

というお話にうつりましょう。

なんで裏切った？　も、なぜ裏切られた？　も、2人の人物像に迫らなきゃ絶対た

どりつけません。

そこを差《さ》し置《お》いて動機を探るなんて、まさに
〝隣《となり》の山の空賑《からにぎ》わい〟

ですからね（注：こんなことわざはありません）。

ほんじゃまず、明智光秀さんから……と言いたいところですが、なかなかのボリュームになる予感がひしひしとするので、次章！

「光秀ってそうだったの⁉　信長ってそうだったんだ⁉」

で、お会いしましょう。

織田信長と明智光秀

パート1

え！ 光秀って、そんな感じだったの!?

では、【本能寺の変《ほんのうじのへん》】の続き。

って感じなので、おさらいっぽいのやっときますか。

『本能寺の変』ってね、明智光秀《あけちみつひで》の動機《どうき》がわかってないの。

←

てか、動機の前に、光秀と信長《のぶなが》ってどんな人だったの？

←

そこがわかんないと、話進まないよね。

ということで、これまで伝えられてきた織田《おだ》信長と明智光秀のイメージに、ガサッ！ とスコップをつっこみ、なるべくリアルな2人をほじくり出してみましょう。

それじゃまず、明智光秀さんからいってみます。

光秀さんは、「生真面目《きまじめ》で保守的《ほしゅてき》」というイメージのほかに、

「上司（信長）を裏切《うらぎ》った、ただただ悪《わり》ぃーやつ」

という〝極悪人《ごくあくにん》〟のレッテルを、ここ何百年、ずっとはられております（そう思ってる人もいるかな）。

だから、イメージとレッテルをドッキングさせると、

「生真面目をこじらせてパンクして、最後にはとんでもない罪《つみ》を犯《おか》した大犯罪者《だいはんざいしゃ》」

てなことになるでしょうか。

謀反《むほん》やっちゃったことは事実。悪く言う人がいるのもうなずけます。

ただ、性格と罪だけを「めしあがってください」と言われても、「光秀がどんな武《ぶ》将《しょう》だったか」の味はまったくしません。

なので、ここでは〝光秀の仕事っぷり〟と〝織田家でのポジション〟を、ざっくりと説明してみるので、そこから明智光秀という武将を見つめてみてください。

では最初。

光秀が信長の家臣になるまでのプロフィールをご紹介しておきましょう。

謎《なぞ》。
終了。

ごめんなさい、光秀の前半生《ぜんはんせい》の紹介はどうしたってこうなっちゃうんです。
美濃国《みののくに》で生まれたらしいんだけど、生まれた年も両親の名前も諸説《しょせつ》あり（亡くなったとき、55歳or67歳の説があります。幅《はば》がエグい）。
青年期《せいねんき》のプロフィールも
「美濃の斎藤《さいとう》や越前《えちぜん》の朝倉《あさくら》といった大名に仕えた……たぶん」
といった感じで、経歴《けいれき》のほとんどに
「〜と考えられている」「〜と言われている」
という文章がつきまとうほど、彼の人生、謎に包《つつ》まれてるんですね。
ただ、
足利義昭《あしかがよしあき》
からの
織田信長
に出会ってからは、光秀の輪郭《りんかく》がちょっとずつハッキリしてきます。

【長篠《ながしの》の戦《たたか》い】にもチラッと出てきた足利義昭さんは、室町《むろまち》第13代将軍・足利義輝《よしてる》って人の弟。興福寺《こうふくじ》ってとこでお坊さんをやっとりました。

ところが、義輝お兄ちゃんが家臣に暗殺されるというハプニングが起こると、

「次の将軍にオレはなる！」

ってことを言い出し、

「誰か、この義昭に敵対《てきたい》するやつらを蹴散《けち》らし、京都に連れて行ってくれ！」

と、自分のことを将軍に据《す》えてくれる大名《だいみょう》を探《さが》し始めたんですね。

いろんな大名に声をかける義昭。でもみんな、自分のことで手一杯《ていっぱい》。やがて、朝倉さんを頼《たよ》りに越前国《えちぜんのくに》にやってくるのですが、光秀はそこで義昭の家臣《かしん》になるんです。

早く将軍になりたい義昭だけど、この朝倉さんもなかなか「そうだ 京都、行こう。」とは言い出しません。

ヤキモキする義昭に、光秀は言います。

「義景《よしかげ》（朝倉）は頼りになりません！　でも、信長は頼りがいのある人です！」

これは、光秀が、信長の奥さん・濃姫《のうひめ》（帰蝶《きちょう》）といとこ、もしくはなんらかの血のつながりがあった（可能性がある）ので、信長がどんな人間か知っていたから（と、言われてます）。

そこから、義昭と信長の間を取り持つことになった光秀は、そのまま信長にも仕《つか》え

るようになり、義昭と信長、2人の上司《じょうし》を持つことになったのでした（のちに、信長の専属《せんぞく》家臣になります）。

さて、信長に仕えるようになった光秀さん。その働きがもうとんでもありません。目を見張《みは》るものがありすぎて、ドライアイになりそうな活躍《かつやく》のオンパレード。

すでにご紹介したように、

・比叡山《ひえいざん》を攻めるときに活躍したり、

・信長が京都に入れば、その行政《ぎょうせい》や訴訟《そしょう》を任《まか》されたり、

・丹波《たんば》（京都や兵庫《ひょうご》あたり）という、攻め落とすのが激《げき》ムズな国の攻略《こうりゃく》を担当したり……してる途中にも、本願寺《ほんがんじ》や毛利《もうり》といった敵と戦ったりと、

「あなたそれ、織田家の重要なプロジェクトにはほぼ全部参加してません？」

というミラクルハードワークを抱《かか》えこみ、「よく倒《たお》れなかったな……」という過密《かみつ》スケジュールをこなしていくんですね（いや、実際《じっさい》は、本願寺を攻めてるとき病気になって倒れてます。やっぱオーバーワークだった！）。

戦闘《せんとう》も内政《ないせい》もできちゃう光秀。

会社でいったら、営業《えいぎょう》も総務《そうむ》も法務《ほうむ》も経理《けいり》もやれちゃう的な。
RPGでいったら、打撃《だげき》も攻撃魔《こうげきま》法《ほう》も回復《かいふく》魔法もいけちゃう的な。
恋愛《れんあい》でいったら、美魔女《びまじょ》に腐女子《ふじょし》に港区《みなとく》女子、非《ひ》モテ、こじらせ、リケジョに歴女《れきじょ》、森ガール山ガール、海、川、大地、果《は》てない草原……もう地球から愛されちゃってる的な。

とにかく光秀のオールマイティー感たら、ハンパありません。

ええ、もちろんです。もちろんそんな光秀ですから、出世のスピードもえげつない。
信長の家臣で出世頭《しゅっせがしら》といえば豊臣秀吉のイメージですが、信長から領地《りょうち》を任されたのは、光秀の方が先。

トントントーン！　と出世の階段を駆《か》け上がった光秀くんは、織田家の重臣《じゅうしん》になり、近畿《きんき》方面《ほうめん》の支配を任されるまでになるんです。

現代なら、中途《ちゅうと》で入った社員が、瞬《また》く間《ま》に本社の幹部《かんぶ》役員《やくいん》と近畿地方の支社長《ししゃちょう》を兼務するまでに偉くなった。と言ったら、そのすごさをわかってもらえるでしょうか。

というわけで、まとめると……

重要な仕事をあれもこれも任されるほど、信長からの信頼が超《ちょー》厚く、織田家（信長）にとってなくてはならないオールマイティーキャラ。それが、

明智光秀です。

いかがでしょう。

光秀になにか先入観を持ってた人は、少しイメージが変わったんじゃないでしょうか。

極悪とか保守的なベールに包まれてたその中身は、驚くほどの超優秀な武将だったんですね。

では続きまして、**ホントの織田信長さん**を探っていきましょう。

パート2

え！　信長って、そんな感じだったんだ!?

はい、【織田《お だ》信長《のぶなが》と明智《あけち》光秀《みつひで》】のパート2でございます。

カンタンにおさらいすると、

『本能寺《ほんのうじ》の変《へん》』を知るには信長と光秀のこと知っとかなきゃ。

光秀は、超優秀《ちょーゆうしゅう》な武将《ぶしょう》。←

じゃ、信長は？←

ということで、続いては織田信長のリアルを探ってみましょう。

とんでもない勢《いきお》いで、とんでもなく広い領地《りょうち》を獲得《かくとく》していった信長さん。

これはホントにすごいし、新しいことです（どの戦国大名もやったことないからね）。

だけど、「それが可能だったのは、信長が特別だったからだ！」と、半分魔法使《まほうつか》い、まさに魔王のようなイメージに仕上がってるんですが……はたしてどうなんでしょ？

『独創的《どくそうてき》で天才的なアイデアをいっぱい出した、戦国時代の革命児《かくめいじ》！』

『逆《さか》らう者は皆殺《みなごろ》しにする、残忍《ざんにん》で凶暴《きょうぼう》な独裁者《どくさいしゃ》！』

『古い伝統《でんとう》や社会をぶっ壊《こわ》し、武力《ぶりょく》で天下を統一《とういつ》しようとしたスーパーヒーロー！』

この信長のイメージが、どのくらいあたっているのか？

さっそくドワァアーッと見ていきましょう。

まずは、

『独創的で天才的なアイデアをいっぱい出した、戦国時代の革命児！』

ってやつですね。

これに関しては、すでに紹介してきたように、

「桶狭間は奇襲《きしゅう》じゃなかった」

「長篠の三段撃《さんだんう》ちはなかった」

ってところで、雲行《くもゆ》きの怪《あや》しさ50％な感じですが、それでも信長には「革命児」を

後押しするキラーワード、

『楽《らく》市《いち》楽《らく》座《ざ》』

が残ってます。

教科書やテストでおなじみ、『楽市楽座』がどんなものだったかというと、

「商売が楽になったよー」

ってやつでしたね（ちゃんと説明します）。

『楽市楽座』の〝市〟と〝座〟。これはそれぞれ、

市＝市場。

座＝商工業者の組合（みたいなもん）。

のことです。

昔はね、〝座〟の人たちが貴族や寺社にお金をおさめるかわりに、市場の販売も利益も独占しちゃってたんで、商売の自由度が超絶低かったんです。

言ってみりゃ、新規参入はぜってー無理、の状態。

それを信長は、

信長「そういうのさ……そういうのもうやめにしようよ！　こんなんじゃ都市も経済

も発展しないって！　座の特権とかナシにして、市場の税金なんかもとらない方向でいくべきだ！　誰もがフリーに商売できる場所……オレはそんな城下町を作りたい!!」

と言って（こんな熱かったかは知りませんけど）、今までのルールをぶっ壊《こわ》したのが『楽市楽座』です。

これで、

自由な取り引き開始 → 人が集まる → 経済活性化 → 街が繁栄。

となり、しかも

税がない → 最初の利益はない → けど、おかげで街が発展 → 結果、信長に入る税が増えて「やったー!!」

ってなことになったんですね（マネタイズのタイミングを遅らせて大成功って感じ）。

「これはどう考えても革命的じゃない!?」

という声が聞こえてきそうですが、おっしゃる通り。

これまでのルールを壊して、抜群の経済効果をもたらすなんて、革新的以外の何物でもないと思います。けど、信長のオリジナルじゃありません。

信長よりずっと前に、六角《ろっかく》（定頼《さだより》）さんて大名が『楽市令《らくいちれい》』ってのを出していて、信長がゼロから作り出したものではないんです。

つまり、

『楽市楽座』にはモデルがあったんですね（ただ、六角さんのは詳細わかってないし、「楽市」の文字しか確認できてません。信長のは内容も詳しくわかってるし、安土《あづち》やほかの場所でもやってるよ）。

もちろん、信長さんはいろんなアイデアを出した人だけど、全部が〝新しい奇抜なアイデア！〟ってわけじゃなかったのでした。

では続いて、

『逆らう者は皆殺しにする、残忍で凶暴な独裁者！』

ってやつです。

『逆らう者は皆殺し』、これはあたってます。

敵対した者に対しては、その一族（女性や子どもを含む）や家臣まで処刑《しょけい》したりしてるんで、そこはホントにおそろしい。

ただ、

ほかの戦国大名にも、そういった例はたくさんあるんで、「信長だけが皆殺し担当」ってわけじゃありません（回数や人数に差はありますが）。

それに、信長はとにっ……かく、よく裏切《うらぎ》られる人で、そのたびに「ホントに残忍で凶暴なのか？」というキャラを発揮してるんですね。

浅井や武田といった大名だけでなく、自分の家臣にまで何度も裏切られた信長さん（その締《し》めくくりが明智光秀）。

裏切りがわかったときの彼のファースト・リアクションは「あのヤロー！」とかの怒りではなく、毎度毎度

「え！！！！（驚）」

です。

いつも想定外。

場合によっちゃ、

信長「そんなはずがないよ！　○○が裏切るなんてこと、絶対ないよ！」

と、裏切られたことをなかなか信じようとしてません（浅井さんのときとか）。

よく言えば純粋（かわいい）。

もっとよく言えば、裏切りの予兆《よちょう》を一切《いっさい》感じとれない鈍感《どんかん》おまんじゅう野郎です（超かわいい）。

さらに、松永久秀《まつながひさひで》や荒木村重《あらきむらしげ》といった家臣が裏切ったときなんかは、引き止めっぷりがものすごい。

使者を何度も送ってこのセリフです。

信長「ねぇどんな事情があるの？　なんの不満がある？　なにを考えてるか教えてくれないかな……。そっちが望んでることを言って！　私はその通りにするから！」

ぜってぇーフラれます。

恋人から別れを切り出されたとき、この世で一番やっちゃいけない引き止め方とおんなじことしてる。

で、やっぱり2人とも戻ってきてません（松永、荒木が裏切ったタイミングは別々ですが、信長おんなじようなこと言ってます）。

こうなってくると、信長のキャラ設定は、

『逆《さか》らう者は皆殺しに……するんだけど、途中まではどうにか思い直してくれとお願

いする、天然《てんねん》で純粋《じゅんすい》でナヨナヨしたおじさん』

という感じに変更……してもいいですよね？

さて、引き続き信長のキャラ変に迫《せま》るんですが、お次は

「え、なに、そこから違うわけ!?」

というお話です。

乞うご期待。

パート３

え！　え！　ホント？　もう一度聞くよ。信長って、そんな感じだったんだ⁉

パート３ですね。
おさらいというか、こんな話の途中でしたね。
『本能寺《ほんのうじ》の変《へん》』を知るには信長《のぶなが》と光秀《みつひで》のこと知っとかなきゃ。
光秀は、超優秀《ちょーゆうしゅう》な武将《ぶしょう》。←
じゃ、信長は？←
←

思ってた信長とだいぶ違う！

さて、最後のイメージは、

『古い伝統や社会をぶっ壊《こわ》し、武力《ぶりょく》で天下を統一《とういつ》しようとしたスーパーヒーロー』

というものです。

これ、いきなり言うと、

全部違います。

神や仏をあがめない信長は、日本にある宗教をぶっつぶそうとした。ただ、新しく入ってきたキリスト教だけは保護した。

そして、自分の天下統一のジャマになる室町幕府《むろまちばくふ》を滅亡させた。というように、とにかく古いものをすべてぶっ壊したのが織田信長――。

と、いうのが全部違います。

まず、「神や仏……」に関してですが……「式年遷宮《しきねんせんぐう》」のエピソードを聞いてもらうのがいいかもしれません。

「式年遷宮」っていうのは、伊勢神宮《いせじんぐう》で行われる「神様のお引越《ひっこ》し」のことです。20年に一度、すべての社殿《しゃでん》を新しくして、神様にそちらにうつっていただくというもの(最近の式年遷宮は2013年だったので、テレビなんかで観《み》た人もいるかな)。

現代にいたるまで、1300年以上の歴史を持つ式年遷宮ですが、戦国時代の約120年間は、この行事がストップしてたんですね(まさに戦乱《せんらん》)。

そこで、当時の伊勢神宮の人は、信長にこんなことを頼んできたんです。

伊勢神宮の人「100年以上ストップしてる式年遷宮を復活《ふっかつ》させたいんです！ 援助《えんじょ》をお願いできませんか信長さん！」

信長「どんくらいの費用があればできんの？」

伊勢神宮の人「1000貫《かん》(1億《おく》〜1億5000万円かな)あれば！ あとは、寄付《きふ》でいけると思います！」

信長「ダメだ」

伊勢神宮の人「あ……」

信長「おととし石清水八幡宮《いわしみずはちまんぐう》を修築《しゅうちく》したときさ、当初300貫くらいじゃねーかって言ってたけど、結局1000貫以上かかった。だから、伊勢神宮は1000貫じゃ無理でしょ。庶民に『寄付しろ』って迷惑かけてもダメだし。(家臣に向かって）おい！　伊勢神宮に〝3000貫〟を寄付するんだ！　そのあとも必要とあれば寄付をするように！」

伊勢神宮の人「の……の……信長さ――ん！」

もう、信長さ――ん！　です。

実は信長、**「基本的に、神社（神道《しんとう》）もお寺（仏教）も保護するし、ときにはお金も援助するよ！」**というスタンスを取ってるんですね（庶民に迷惑かけちゃダメ、なんてことも言ってて優しい）。

なので、キリスト教（イエズス会）を保護したってのは当たってますが、特にキリスト教だけをひいきしてたわけじゃありません。

でもそうなると、なんで延暦寺《えんりゃくじ》や本願寺《ほんがんじ》のことはつぶしにかかったんでしょう？

その答えはすごくシンプルで、**「敵になっちゃったから」**なんですね。

延暦寺で言えば、信長と敵対した「浅井・朝倉軍」を比叡山にかくまったから、戦《せん》闘《とう》へGOしました（「武器を持たないお坊さんを攻めるなんてひどい！」と思う人もいるでしょうが、延暦寺には「僧兵《そうへい》」っていう〝武装《ぶそう》したお坊さん〟がいました）。

しかも、それにしたってすぐには攻撃せず、まず延暦寺の人たちを呼んで、

「A．信長に味方してくれたらさ、こっちにある延暦寺の領地返すよ。

B．どっちにもつけないって言うなら作戦のジャマだけはしないで。

C．この2つともが無理なら、山ごと焼き払《はら》うから」

と、どれがいいか選んでもらってるんです（で、無視したんで、焼き討《う》ちです）。

というわけで信長には、「神仏《しんぶつ》はぶっつぶす」といった考えは一切《いっさい》なく、

「普通《ふつう》にしてりゃ護《まも》る。反抗するなら戦う」

という、メッチャクチャわかりやすい理論で動いてただけだったんです。

じゃあこのままさらに、信長のイメージの根本《こんぽん》を足払《あしばら》いする話にいきたいと思います。

そもそも『**武力《ぶりょく》で天下を統一《とういつ》しようとした**』……

してません。

「え！　もうそこから⁉」となる、大前提《だいぜんてい》ひっくり返しパワーボムですが、これは、

「僕《ぼく》らが思ってる〝天下統一〟と、信長がやろうとしてた〝天下統一〟にはズレがあるよ」

って意味なんですね。

たしかに信長は、

『天下布武《てんかふぶ》』＝武力をもって天下を取る

というハンコを使ってました。

なので、「戦いまくって全国制覇《せいは》！」ってのが目標だったと言われていたし、僕らもそう思ってたし、教科書にもそう書いてあったんですが……、

この『天下布武』の意味が、ぜーんぜん違うみたい。

まず、戦国時代の

〝天下〟

という言葉は、

〝日本全国〟

のことじゃありません。

戦国時代の〝天下〟ってのは、

「京都を中心とした畿内《きない》（山城国《やましろのくに》、大和国《やまとのくに》、河内国《かわちのくに》、和泉国《いずみのくに》、摂津国《せっつのくに》）」

のことで、今でいう京都・大阪《おおさか》・奈良《なら》・兵庫（南東部）あたりのことです。そして、このときは「天下を治《おさ》める人＝足利将軍《あしかがしょうぐん》」というのが当たり前なので、本当の『天下布武』っていうのは、

「足利将軍に、畿内をしっかりと治めてもらう」

って意味。

つまり、信長がやろうとしてたのは、

「足利義昭さんと一緒に、京都やその周辺の国に平和や秩序を取り戻すぞ！」

ということだったんですね。これまで説明されてきた『天下布武』とはえらい違い。

ただ、以前もご紹介した通り、義昭は信長と敵対します。

ドラマなんかでご存知《ぞんじ》の方も多いかもしれませんが、その原因は、信長が義昭のことを〝操《あやつ》り人形〟として扱ったから（「傀儡将軍《かいらいしょうぐん》」て言うよ）。

なので、

「信長は、ポンコツの義昭に最初っから何もさせず、一方的に利用しただけ。で、反抗してきたから、京都から追放《ついほう》して室町幕府《むろまちばくふ》を滅亡《めつぼう》させた」

って言われてきたんですが、あのね、これもね、すっ……ごく違《ちが》うんだよ（子どもの頃の芦田愛菜《あしだまな》さんの言い方で読んでください）。

最初っから「操る側《がわ》」と「操られる側」、という設定で語られてきた2人の関係。

だけど、実はそんなことありません。
本当の2人は、

信長「義昭さん、将軍のやるお仕事（大名のケンカを止めたり、京都の支配だったり）を僕に任せてもらってもいいですか？」

義昭「もちろん！　信長のやることは将軍のオレが認めるから！」

という感じで、信長には〝**義昭の権力《けんりょく》**〟が与えられ、義昭は〝**信長の武力《ぶりょく》**〟が使えるという、**ウィンウィンの関係**だったんです（あるときまでね）。

それに、教科書なんかでも

「1573年。信長は義昭を京都から追放し、室町幕府を滅亡させた」

と、書かれてたりするんですが、京都から鞆《とも》の浦《うら》（広島県《ひろしまけん》）ってとこに行った義昭は、まだ将軍としての力を持っていたので、幕府自体は終わってない。という説もあるくらいです（「鞆幕府《ともばくふ》」ですって）。

じゃ、まとめてみましょう。
今までの信長は、

「全国制覇《せいは》のために、どんどん領地を広げるぞ！　大名とも戦うし、古いシステムもぶっ壊してやる！　とにかく戦いだ！」

という、まさに魔王のようなイメージでしたが、本当は、

「室町幕府のもとで天下を平和にするぞ！　そのためには神社仏閣《じんじゃぶっかく》も保護する！　ただ、命令を聞かないやつや、歯向かってくるものはたたきつぶす！」

という感じ。ひと昔前、「世界の警察官」と言われたアメリカと、似てるところがあるかもしれません。

で、義昭を追放したあとも、

「これからはオレが天下（畿内）を治める！　平和と秩序《ちつじょ》のためにはあの大名やあの大名とも戦うぞ！」

と頑張って、天下や日本全国の安定のために領地を増やしていったんですね。

表向《おもむ》きはね。本心がどこにあったのかはわかりませんが。

さ、というわけで、これまで見てきた信長のデータを集約《しゅうやく》すると……。

昔から続く伝統やシステムを尊重《そんちょう》しながら、自分が日本を安定させるんだと一生懸《いっしょうけん》命頑張《めいがんば》ってたら、やたらと敵が増えてしまった、保守的な裏切られ屋さん。

それが、

織田信長です。

イメージ、変わりましたかね？

以上、信長と光秀の本当を丹念《たんねん》に調べてくださった歴史研究家の方々に心から感謝しながら、受け売りをコンパクトにしてお届けしてみました。

あ、そういえば『本能寺の変』には、ものすごい数の諸説《しょせつ》があるんですが……

次パートだな！

パート4 いつも真実が手に入ると思ったら大間違い

信長《のぶなが》と光秀《みつひで》の姿、いかがだったでしょう？
ちょびっとおさらい。

『本能寺《ほんのうじ》の変《へん》』を知るには信長と光秀のこと知っとかなきゃ。

光秀は、超優秀《ちょーゆうしゅう》な武将《ぶしょう》。←

信長は、保守的《ほしゅてき》な裏切《うらぎ》られ屋さん。←

さて、前回も言ったとおり『本能寺の変』（光秀が信長を裏切った理由）にはホントに諸説《しょせつ》ありまして。

野望説《やぼうせつ》、怨恨説《えんこんせつ》、朝廷黒幕説《ちょうていくろまくせつ》、足利義昭黒幕説《あしかがよしあきくろまくせつ》、羽柴秀吉黒幕説《はしばひでよしくろまくせつ》、徳川家康黒幕説《とくがわいえやすくろまくせつ》……などなど、説が列をなしてて、かなり楽しめます。細かいのを含《ふく》めるとその数は40にも50にもなっちゃう。

ただ、そのほとんどが、フィクションを前提《ぜんてい》に作られた説だったり、肝心《かんじん》な部分の説明が激《げき》ヨワだったり、そして何より、

「今回紹介した〝ホントの信長と光秀〟をあてはめると成立しない説」

だったり。

とにかく「ファンタジーとしては楽しいお話」ばかりなんですね。

ここでは、その諸説《しょせつ》にほぼふれませんので、気になったらいっぱい気にしてください（「ときは今《いま》あめが下《した》しる……」の句《く》が怪《あや》しいとかね）。

そんな中、1つだけ紹介するとすれば、近年《きんねん》「これが一番しっくりくるなぁ……」と言われてる〝**四国説《しこくせつ》**〟。

これ、どういったものかと言うと……

四国の大名に長宗我部元親《ちょうそかべもとちか》さんという人がいるんですが、あるとき信長は、長宗我部さんと同盟《どうめい》を結びます。この交渉をガンバったのが、光秀とその家臣でした。

最初は、

信長「四国に関してはさ、長宗我部さんが戦って手に入れた領地は、長宗我部さんのものにしたらいいよ」

長宗我部「あざす」

という話、だったんですが……。

しばらくすると、阿波国《あわのくに》（徳島県《とくしまけん》）の北半分に地盤《じばん》を持ってる三好《みよし》さんという武将が織田に従ったんですね。

すると信長さん、

「四国のことは、従ってくれた三好に任せたいな……。となると、四国全部を長宗我部の好き勝手にさせるの……嫌だな」

という考えになり、

「長宗我部さんの領地は『土佐《とさ》（高知県《こうちけん》）と阿波（徳島県）の半分だけ』ね！それだけは認めるよ！」

ということを長宗我部に言い出したんです。

これには、長宗我部さんもゲキギレ。

長宗我部「話がちげーだろ！　勝手に決めてんじゃねーよ！　あんたにもらった土地じゃないんだから納得できるか！」

信長「あん？　だったら長宗我部を攻めるしかねーな」

という展開になってしまいます。

ここでポイントなのが、

「三好さんは羽柴秀吉と仲が良かった」

ってとこ。

つまりですよ……これまで信長は、四国のことを

明智光秀・長宗我部コンビ

にまかせていたけど、あるときから、

羽柴秀吉・三好コンビ

でいこうと、方向転換したわけなんですね。

言ってみれば、

「織田という会社の中で、明智部長と羽柴部長が、〝四国をめぐるプロジェクト〟で争った結果、明智部長が負けた」

という結果を招いてしまったんです。

織田家にとってどんどん必要のない存在になっていく光秀は、大ピンチ。それは同時に、明智の家全体のピンチも意味します。こうして、未来を失った光秀は現状をぶち破《やぶ》るために、『本能寺の変』を起こしたのでした。

って説なんですね（本当はもっと細かい話ですが！）。

ただ、「ぽいなぁ……」というレベルが高い四国説も、光秀の動機になったという絶対的証拠《ぜったいてきしょうこ》があるわけじゃないんで、推測《すいそく》の域《いき》をでておりません。

「じゃ、どの説が正解なの？」

と、なりがちな『本能寺の変』。

ですが、〝そこだけ〟〝その部分のみ〟に注目してると、この事件を中身の激薄《げきうす》な四流ミステリーにおとしめることになりますよね。

まずは当事者《とうじしゃ》がどんな人だったのかをチラッとだけでも知って、事件の原因を取捨《しゅしゃ》選択《せんたく》してみる……って順番をたどるのが、ステキな楽しみ方なんじゃないでしょうか(自論です)。


さてさて。

『本能寺の変』から現代人が受け取れるものって、なんでしょう?

それは、武将の行動や思考からの学び……とはちょっと違うんですが、「ホントの信長と光秀を知る」、からスライドして、

「決めつけるのって危ういよね」

ってとこかなと。

今回ご紹介した信長と光秀の姿は、〃あくまで現時点でわかってるもの〃ですから、この先の研究や発見で、また新たな人物像に塗《ぬ》り替《か》えられていくと思います。

それでも、「むかし授業で聞いたのと違う」とか「テレビやネットで観たのと違う」なんて思った人もいたんじゃないでしょうか。

だからですね、疑うことが必要だと思うんです。

信長さんと光秀さんのキャラ違いを教訓《きょうくん》にして、〝誰かへの決めつけ〟に「待った」をかけなきゃいけない。

「メディアの切り取り報道」「ネットリテラシー」なんてワードをよく耳にする現代、間違った情報を鵜呑《うの》みにしちゃう危険は誰にだってあります。

信長さんや光秀さんにネガティブなイメージを持ったとしても、とくに何も起こりません（故人《こじん》の尊厳《そんげん》を傷つけることにはなりますが）。

しかし、同時代に生きる誰か（有名人でも周りの人でも）に対して間違ったイメージを持った場合、罪《つみ》もない人を深く傷つけることになるかもしれないし、悪人を持ち上げることになるかもしれません。

大事なのは、**人も、人が起こす行動も、自分が最初に触《ふ》れるのは〝全体の中の1つの側面《そくめん》〟だということを認識すること**。その上で、全体を俯瞰《ふかん》で捉《とら》える努力をして、それでもなお、わかった気にならないことだと思います。

人の行動の真意《しんい》を究極的《きゅうきょくてき》に理解するのは無理です。さらに言うと、他人《たにん》の心を把握《はあく》してやろうという考えは、おこがましいことかもしれません。

それでも、特定《とくてい》の誰《だれ》かに対して短絡的《たんらくてき》な決めつけは行わず、なるべくその思いに寄《よ》り添《そ》おうとする。

そこで初めて、この社会にとってとても大切な、**思いやり**だったり、**尊重《そんちょう》**というものが生まれるんじゃないかと考える次第です（偉そうに言ってますが、自分に言い聞かせてる部分が大きい文章です）。

最後に。

信長さんと光秀さんのことを書きましたが、信長さんにいたっては、あれもこれもやってないということばかり書いたんで、少し否定的《ひていてき》な文章に見えたかもしれません。

しかし、まったくもってその逆です。

フィクションで彩《いろど》られ、スーパーマンかダークヒーローのように語られてきた信長より、自分の信じる正義《せいぎ》にナルシシズムが入って、人に裏切られちゃう信長の方が、よっぽど魅力的《みりょくてき》です。

一発のアイデアでその場を切り抜ける現実味のない英雄《えいゆう》より、やるべきことを着実《ちゃくじつ》に進めて領地を広げた戦国大名の方が、はるかにすごい武将に決まってます。

それに、**信長という人は、戦国という時代に〝何が最適《さいてき》かを考え抜いた人〟なんじゃないか**、と思うんです（個人的にね）。

本心か表面的かはさておいて、物事を円滑《えんかつ》に進めるために、朝廷や幕府とうまくやっていく。

鉄砲に可能性を見出し、『楽市楽座』というシステムをアップデートして取り入れる。

自分の進む道のためなら、古いとか新しいとか関係なく、そのとき何が〝最善《さいぜん》〟かを選び続けた武将。それが、織田信長だったんじゃないでしょうか。

目的のためには偏《かたよ》った考えを捨《す》て去《さ》り、いい意味で手段を選ばない……これは、〝革新的《かくしんてき》〟だと思います。

本能寺が敵に囲まれ、それが明智光秀とわかったとき、信長は、

「是《ぜ》非《ひ》に及《およ》ばず」

ともらしました。

この言葉、

「是か非を議論《ぎろん》する必要はない」

「しかたがない」

「やむを得ない」

「どうしようもない」

など、さまざまな訳し方ができるため、真意《しんい》がわからず、信長が何を思って発したのかは謎《なぞ》のままです。

しかし、「信長という武将は、常に最善を尽《つ》くしてきた」と思ってる身としては、単なる感想や諦《あきら》めを口にしたわけじゃない。そう思うし、願ってしまうんです。


ここからは単なる妄想《もうそう》です。

僕が思う「是非に及ばず」は、

「是か非を議論する必要はない」

という解釈《かいしゃく》を使わせていただいた上で、それを
「いいか悪いかを話しあう必要なんてない」

と変化させ、さらにそこに自分の勝手な言い回しを加えたもので、いつも僕の頭の中ではこう再現されるんです。


謀反《むほん》か。誰のしわざだ。

明智軍と見受けます！

そうか。話し合ってる暇《ひま》はないな。

戦うぞ――。

俯瞰《ふかん》できないなんて
不便な生き物だねぇ…
ヒッ
ヒィィィ
恐ろしいお方
じゃあ!!
お優しい方だ…
お守りせねば!!
本当に
大丈夫かのう…?
やっぱり
カッコイイなぁ!
一生ついて行くぞ!!

中国大返し

パート1

伝説にまみれすぎた天下人

ここまでそんなに触れてきませんでしたが、戦国時代を語る上で欠《か》かすことのできない〝**キングオブ出世**〟と言えば、そう

豊臣秀吉《とよとみひでよし》

です。

俗に「**三英傑**《さんえいけつ》」なんて呼ばれる武将の1人で、農民という身分からブワァー！っと駆《か》け上がって、ついには日本全国を統一しちゃった——というサクセスストーリーは、あまりにも有名ですよね。ちなみに「三英傑」ってのは、**織田信長**《おだのぶなが》、**豊臣秀吉**、**徳川家康**《とくがわいえやす》のことです。

尾張国《おわりのくに》（愛知県《あいちけん》西部）の農民だったけど、

「オレは武士になるんだ！」

と、織田信長に仕えるようになった秀吉。

この人とにかく、「マジすごくない⁉」というエピソードを、たーっくさん持ってるんです。

たとえば、

ふところゾウリ話（こんな名前ついてないけど。信長の草履《ぞうり》を懐《ふところ》であたためてホメられたって話）

とか、

墨俣一夜城《すのまたいちやじょう》（一瞬《いっしゅん》でお城つくった話。あらかじめ製作したいくつかのパーツを川の上流からイカダで流し、それらを現場でパパッと組み立てるという、現代のプレハブ工法みたいなことをやって、一夜のうちにお城をつくり上げたってやつ）

なんかが有名ですが、意表をつくアイデアの話は枚挙《まいきょ》にいとまちゃんです。

秀吉にまつわる〝伝説〟は、どれも「一本取られた！」って感じの、爽快《そうかい》でスカッ！　とするものばかりなんですよね。

でも、そう、

伝説なんですよ……。

例にあげた2つの話は、のちのち作られたフィクションの可能性が高く、ほかの有名なエピソードの中にも、「実際にはなかったかな……」という部分が結構あるんです。

さらには、武士の生まれじゃない秀吉には、信長や家康のように「出生〜少年時代」のちゃんとした記録が残ってません。

一般的には〃農民出身〃ってことで統一されてますが、実際は農業やってたのか、行商人《ぎょうしょうにん》だったのか、そこすらハッキリしてないんです。

ただ、秀吉さんがすごいことに変わりはありません。

どれだけ伝説をふりかけた人生だとしても、事実として残ってる白ごはんの部分がしっかりしてるからこそ、ふりかけご飯はおいしいんです（ん？）。

なんと言っても全国統一を成し遂げた秀吉ですから、やっぱすごいんですね（当たり前だけど）。

では、そんな秀吉の、〃伝説にコーティングされてるけど紛《まぎ》れもない事実〃って話を、１つご紹介しましょう。

『中国大返《ちゅうごくおおがえ》し』

それは、彼が天下人になるキッカケになったと言っても過言《かごん》ではない、という出来事です。

一文にまとめてしまえば、

《１５８２年。羽柴《はしば》秀吉が、岡山《おかやま》から京都《きょうと》までの距離をとんでもない速さで駆け抜けた》

って話なんですが、これが秀吉にとっての超絶ターニングポイントだったんで、ちょっと読んでみてください（このとき秀吉は「羽柴」って名乗ってます）。

すでにお伝えした【本能寺《ほんのうじ》の変《へん》】。

あの衝撃的《しょうげきてき》事件が起こる直前から『中国大返し』というドラマは始まっていたのでした。

『本能寺の変』が起こったとき、秀吉は中国地方、
備中国《びっちゅうのくに》（岡山県《おかやまけん》西部）
にいました。
「Ｈｅは何しに中国へ？」と聞かれたならば、もちろんそれは
〝中国地方の攻略《こうりゃく》のため〟

イコール
〝中国地方のラスボス・毛利《もうり》氏の攻略のため〟

に他ならず、秀吉さんは数年前からそちらへ滞在中だったんです。

このころの織田家ってのは、とんでもなく巨大な組織になってましてね……。

信長は、

「もう各地域の大名たちと同時に戦ってやる！」

と、重臣《じゅうしん》たちを司令官《しれいかん》（リーダー）にした、「方面軍」というドデカい軍団を、あっちゃこっちゃに送り込んでいたんです。

北陸方面軍・司令官 柴田勝家《しばたかついえ》
畿内方面軍・司令官 明智光秀《あけちみつひで》
関東方面軍・司令官 滝川一益《たきがわかずます》
四国方面軍・司令官 織田信孝《のぶたか》（信長の三男）
中国方面軍・司令官 羽柴秀吉

という感じで。

ご覧《らん》の通り、秀吉が任されたのは中国方面軍。それは、『本能寺の変』からさかのぼること5年のことで……えーと、じゃあこっから多少ふり返ってみましょっか。
秀吉の中国遠征がどんなだったのかを、パパッといきましょう。
中国方面を攻めることになった秀吉さん。彼が最初に注目したのが、中国地方の隣《となり》に位置する、
播磨国《はりまのくに》（兵庫県《ひょうごけん》南西部）
ってとこ（「地理弱いんだよなー」という方は今すぐ日本地図を開いて、『兵庫県の左隣は岡山県（中国地方）』ということを確認してくださいませ）。
播磨は、いろんな国衆《くにしゅう》がひしめきあっているものの、絶対的な支配者が存在しません。なので、

秀吉「播磨の武将《ぶしょう》たちを味方に引き入れるぞ！　そうすれば、毛利との戦いがメチャクチャ有利になる！」

と考えたからなんです。
で、この計画は、播磨の武将の中で、いち早く秀吉に味方してくれた、

黒田官兵衛《くろだかんべえ》（秀吉の軍師《ぐんし》で有名）

という、スーパー頭脳の活躍もあり、見事に成功。

播磨のみなさんはドンドン織田家に従い、秀吉の中国征圧《せいあつ》ミッションは上々のすべりだしを見せ……た……

かのように思えたんですが、

別所「んー……やっぱ毛利さんの方がいいかな！」

小寺「え、あ、じゃ、オレも毛利さんにつく！」

秀吉「おいマジか!!」

織田についたはずの播磨の武将が、たこ焼きを焼くようにクルクルッ！　と毛利に寝返ってしまいます。

これで播磨の平定《へいてい》はリセット。結局、それらの武将とも戦うことに。

それでも秀吉めげません。

得意の「兵糧攻め《ひょうろうぜ》」を駆使《くし》して、次々と相手のお城を落としていきます。

この

〝兵糧攻め〟

ってのは、

お城を取り囲んで食糧《しょくりょう》が尽《つ》きるのを待ち、相手のギブアップを誘う作戦。

ですから、無駄《むだ》な戦闘《せんとう》をしなくて済《す》むし、こちらの体力も温存《おんぞん》できて、とっても一石二鳥《いっせきにちょう》……

なんだけど、

これが、とにっ……かく時間がかかる（お金もかかる）。

1つの城を落とすのに数ヶ月は当たり前。中には1年10ヶ月もかかったお城（三木城《みきじょう》）があったほどでしたから、またもやロス、ロス、ロスです。

それに……

兵糧攻めは、何より相手にとって《最悪のロス》をもたらします。

ここからの数行は少し流れからズレますが、〝こういうこと〟も知っておいていただければ、と思っての文章です。

兵糧攻めというのは、〝敵の食べ物を断《た》つ〟ということですから、城にこもっている武将と農民は、すさまじい飢餓《きが》（飢え）と戦うことになります。

そこにいる人々は食糧が尽きると、飼《か》っている牛や馬を食べ、それも尽きれば草や木を食べました。

極限《きょくげん》の飢餓状態に体は蝕《むしば》まれ、精神に異常をきたす者が続出。

助けを求めて柵《さく》を乗り越えようとすれば、秀吉軍に鉄砲《てっぽう》で撃たれ、その地獄《じごく》からは逃れることができません。

やがて、牛、馬、草、木、食べる物すべてが尽きると、城内には餓死者《がししゃ》が頻出《ひんしゅつ》します。凄絶《せいぜつ》な状況の中、かろうじて生き残った人々が飢えをしのぐために食べたのは、同じく城にこもっていた――仲間です。

人が人を食べたんです。

最終的には城主《じょうしゅ》が切腹《せっぷく》し、城の中の人たちは助け出され食事が与えられたそうですが、飢えからの反動で急に食べすぎてしまい、そこで命を落とした人もたくさんいたといいます。

秀吉が三木城と鳥取城《とっとりじょう》に行《おこな》った兵糧攻めは**『三木の干《ほ》し殺《ごろ》し』『鳥取の渇《かつ》え殺《ごろ》し』**という名前で呼ばれています。どちらもかなりの惨状《さんじょう》だったと言われていますが、ここで書いたものは『鳥取の渇え殺し』でのお話です。

兵糧攻めは、刀《かたな》や弓矢《ゆみや》を交える戦いじゃありません。それでも戦争はどこまでいっても戦争。直接ぶつかる以上の惨劇《さんげき》が、そこに、たしかに、あったんです。

英雄譚《えいゆうたん》ばかりに注目が集まる戦国時代。

ですが、目を覆《おお》うような残虐《ざんぎゃく》な行為が、武将たちによって行われたのも事実です。**名もなき人たちにも当然、人生があって、望まない形で終わりを迎える多くの命があった**ということを、忘れてはいけない気がします。

さて、話を戻して中国攻めの続きを……といきたいところですが、それはお次にまわしましょう。

次回は秀吉**一世《いっせ》一代《いちだい》の〝突貫工事《とっかんこうじ》〟**と、**人生最大の〝アクシデント〟〝絶望〟〝決断〟**です。

パート2

「青天の霹靂」って言葉は、この時のためにあったのかも

【中国大返し《ちゅうごくおおがえし》】のパート2です。
となれば、おさらいですね。

秀吉《ひでよし》、中国地方を攻める。ためにも……
←
播磨国《はりまのくに》の武将《ぶしょう》たちを仲間にする。けど……
←
その武将たちが続々と裏切《うらぎ》る。から……
←

結局、兵糧攻《ひょうろうぜ》めなんかで、いーっぱい戦うことに。なったため……
ここではすべて書けないほど、長いバトルを繰《く》り返すことになった秀吉。
その中身を……
ガバッ！　とはしょりまして、とうとう織田《おだ》と毛利《もうり》の勢力《せいりょく》の境界線《きょうかいせん》にあった
備中高松城《びっちゅうたかまつじょう》
というお城を攻《せ》めた。ってところまで話をぶっ飛ばしましょう。
この備中高松城というのは、毛利さんにとってかなり重要なお城。今の岡山県岡山《おかやまけんおかやま》市《し》あたりにあったお城です。
そこを攻めたってことは、「毛利攻めがクライマックスだよ！」ってことを意味するの……で・す・が、
やっぱり一筋縄《ひとすじなわ》でいかないのが今回の中国遠征《えんせい》。
この備中高松城が、ヒジョーにやっかいなんです……。

秀吉「攻めにくいんだよなぁ……備中高松城。低いところに城があって、そのまわりを沼地《ぬまち》や湿地《しっち》が囲んでるからベッチャベチャのジュックジュク。そんなとこを歩こうもんなら人も馬も足を取られて、敵の鉄砲と矢の格好《かっこう》の餌食《えじき》よ」

黒田官兵衛《かんべえ》「その上、城主《じょうしゅ》の清水宗治《しみずむねはる》はかなりのやり手……落ちにくさ満点の城ですね……」

備中高松城の堅城《けんじょう》（守りの堅《かた》い城）っぷりに、頭を悩ませる秀吉と官兵衛《かんべえ》。ですが、稀代《きだい》のアイデアマンと天才軍師《てんさいぐんし》は、とんでもない城攻《しろぜ》めを思いつきます。

秀吉「んー、どうすっかなぁー……」
官兵衛「待てよ……そうか……そういうことか……なるほど……！　ちょ、ちょっと！　ちょっと待ってください！」
秀吉「ゴチャゴチャうるせーな！　どこにも行ってねーわ！」
官兵衛「この辺りの地形の特徴《とくちょう》を思い出してください！　近くに流れる足守川《あしもりがわ》、低い場所にある城、低湿地《ていしっち》という水はけの悪い土地、そして、今は梅雨《つゆ》！」
秀吉「……あ!!　そういうことか！　あっちが守りやすいとしてる利点を逆手《さかて》に取りゃいいんだ……！　ちょ、ちょっと待って!!」
官兵衛「どこにも行ってません！」
秀吉「守りに適《てき》している城には、それ相応《そうおう》のデメリットもある……」
官兵衛「攻めることが困難なら、閉じ込めればいい……」

秀吉・官兵衛「そうだ……水だ！！！！」

こんなやり取りは妄想《もうそう》として、秀吉と官兵衛が思いついたのは……

1．備中高松城の近くを流れる足守川の水をせき止め、低い場所にあるお城に川の水を流し込み……
↓
2．城のまわりに堤防《ていぼう》を築いて、たまった水が逃げないようにしたら……
↓
3．梅雨のおかげで、さらに城のまわりの水かさが増し……
↓
備中高松城が水の中に取り残される――！

という、ぶっ飛びまくった奇抜なアイデアだったんです。

秀吉「よし……堤防つくるぞぉぉ！！！　どんどん人を集めてジャンジャン金を払え！　工事のスピードが自然と上がるくらいの報酬《ほうしゅう》を与えてやるんだ！　そのかわり……一瞬《いっしゅん》で堤防をつくり上げろ!!」

秀吉の大号令《だいごうれい》とともに超ハイスピード工事がスタート。

脂《あぶら》が乗ったアイデアに、大量の人員と豊富な資金が絡まった結果、なんと堤防は、

〝12日間〟という短期間で出来上がったのでした。

この堤防、今まで言われていたのは、

〝高さ7メートル、長さ3キロ〟

という、『進撃《しんげき》の巨人』でも出たんかってくらいの規模《きぼ》だったんですが、これもいわゆる〝秀吉伝説〟の1つ。

12日間でこの規模の堤防をつくるのは、トラックをガンガン動員させる現代の土木技術でも不可能らしく、**実際の堤防は、〝長さ300メートル〟**くらいだったそうです（高さももっと低いと思われます）。

でもね、300メートルで十分なんです。

備中高松城ってとこは盆地《ぼんち》で、もともと水がたまりやすい。

けど、お城から約1キロ離れたところに、「水越《みずこし》」っていう〝水のはけ口〟となる隙間《すきま》がありまして、そこから水が出ていってくれてたんですね。

つまり、この水越をふさいでしまえばグングン水はたまっていき、やがてその水はお城にまで……ということだったんですが、それには300メートルの堤防で十分だったんです。

足守川
じゃばー
備中高松城
水越
実際はこの部分
300m分だけだったと
言われているよ

てなわけで、水越にフタをされた高松城は、城の中を移動するために小舟《こぶね》を使わなければならないほどに浸水。

水の力によって敵を封《ふう》じ込める、

『備中高松城の水攻め』

は、見事な成功をおさめたのでした。

こうなると、本格的にテンパってくるのは毛利家のみなさん。

毛利家「備中高松城がヤベぇ!!!」

と、緊急《きんきゅう》スクランブルを発して、毛利家の当主《とうしゅ》

毛利輝元《てるもと》

と、彼を支える2人の叔父《おじ》、

吉川元春《きっかわもとはる》

小早川隆景《こばやかわたかかげ》
っていう毛利のビッグ3が、お城の近くまで出陣してくるんですが……
陸の孤島《ことう》と化した備中高松城を前に、完全に白目。

毛利家「……あちゃー……」

助け出す術《すべ》がありません。
手をこまねいてる毛利を尻目に、秀吉は動きます。

秀吉「信長さま！　毛利の家臣《かしん》がいる備中高松城（岡山県）を攻めてたら、毛利軍の本隊が出てきました！……」

あっちのラスボス出てくんなら、こっちもラスボスだ、ということで、信長に連絡。
【本能寺の変《ほんのうじのへん》】パート1で紹介した秀吉からの手紙は、このとき出されたものだったんですね。
ちなみに、秀吉が信長を呼んだ理由については、
1．シンプルに、毛利が大軍で来たときに備えて。

2. 水攻めをやったホントの理由は、毛利本隊をおびきよせるため。で、毛利家と決着をつけるために、最初っから信長を呼ぶつもりだった。

3. 本当は自分たちだけでも毛利には勝てるけど、毛利にとどめを刺《さ》すという〝おいしいゴール〟を信長に捧《ささ》げてゴキゲンをとろうとした。

などなどあるうちのどれかじゃない？　って言われてます。

さあ、ここからは、みなさんもうご存知の展開。

秀吉の願いを聞き届け「じゃあ備中に向かおー」と言った信長が、京都に立ち寄り大炎上。

やってきました『本能寺の変』です。

ハプニングの神様が、ニヒルな笑みを浮かべながら、「どうだ人間」と一言呟《つぶや》いたようなシナリオ。

秀吉がその衝撃《しょうげき》に触れたのは、本能寺の変の翌日の6月3日です（4日の朝って説もあるよ）。

届いた書状《しょじょう》を目で追いながら、

秀吉「ほぉほぉ……ほぉ……ほん？」

並んだ文字が告げる内容にピタッ。

秀吉「え」

全国の武将に驚きの最高潮《さいこうちょう》をプレゼントした『本能寺の変』ですが、秀吉の驚愕《きょうがく》っぷりはその天井《てんじょう》をブチ破《やぶ》ります。

秀吉「う、う……うそだぁぁぁ――――――！！！！！！」

毛利との対決という超絶クライマックスが眼前《がんぜん》に迫った中、自分が呼び寄せた信長が人生最期《さいご》のクライマックスをぶつけてきたんです。驚くなという方が無理。心拍数《しんぱくすう》が16ビートを刻み、体中の血と水分がすべて蒸発《じょうはつ》したかのような感覚。終わった……すべてが終わった……こっからどうすりゃいいんだ？？？？

完全思考停止《しこうていし》の秀吉に、黒田官兵衛は語りかけます。

官兵衛「ご武運《ぶうん》が開けましたな」

秀吉「……は？」
官兵衛「殿《との》に運がまわってきたんです」
秀吉「官兵衛……テメー何言ってん……!!」
官兵衛「明智《あけち》を討つんです!!」
秀吉「！」
官兵衛「今からすぐに京都方面に向かい、明智光秀を討ち、信長様の敵《かたき》を取るんです！」
秀吉「オ、オレが……？」
官兵衛「そうです！　そして、秀吉様……あなたが次の天下を取るんです！！！」
秀吉「……オ、オレが！！！？」

と、こんなやり取りがあったなんてよくいわれますが、実際のところは謎です。
しかし、確実に言えることが1つだけ。

腹をくくった秀吉のここからの行動、
そのスピードが、異常なんです。

音速、光速、迅速、爆速

パート3だね。
おっさらいだ。

毛利《もうり》さん（中国地方）を攻《せ》める秀吉《ひでよし》。
←
備中高松城《びっちゅうたかまつじょう》を水攻《みずぜ》めにしちゃう。
←
そんなとき『本能寺《ほんのうじ》の変《へん》』が起こってテンパりまくり。
←
でも、「光秀倒《みつひでたお》すぞ！」と決心。

明智光秀をぶっ倒しに行くと決めた秀吉。ここから世紀の大移動、『中国大返し《ちゅうごくおおがえし》』がスタート！　する！　という！

その前に。

まずやらなければならないのは、毛利さんとの交渉《こうしょう》。戦いを有利にすすめてる秀吉が急に帰り仕度《じたく》なんか始めちゃったら、「トラブルがあったんです！」と教えてあげてるようなもの。「どうやらあいつらピンチだぞ！」と後ろから追いかけられ、攻撃されてギャーッ！　となるのは目に見えてます。

だから秀吉、備中高松城の清水《しみず》さんに、「切腹《せっぷく》してもらえるかな。そのかわり城内《じょうない》の人たちは助けるから」という交渉を成立させ、毛利家とは、

官兵衛「いったん戦うのやめにしましょう！」

と、仲直り（講和《こうわ》）の準備をすすめるんですね。

安国寺恵瓊《あんこくじえけい》（毛利側の交渉人《こうしょうにん》。お坊さん）「承知《しょうち》しました。では講和でお願いします」

官兵衛「じゃ、仲直りの条件すね。

1．備中、備後《びんご》、美作《みまさか》、伯耆《ほうき》、出雲《いずも》、の5ヶ国をもらう。
2．備中高松城ももらう。
3．毛利から人質《ひとじち》ももらう。
で、大丈夫です！」

恵瓊「わお！！！！」

お前、仲直りの意味知ってる？　ってくらい上からのトーン。

「領地《りょうち》も城も人ももらうぞ！」なんて、毛利さんにとっては驚くほど不利《ふり》な条件です。

しかし、戦いを有利《ゆうり》にすすめていたのは秀吉たち。

長いこと織田と戦ってきた毛利さんたちの体力ゲージは、ほとんど残っておらず、

「仲直りしてあげる」

と言われれば、どんなにキツい提案でもオッケーするしかなかったんですね。で、
実際オッケー（清水さんの切腹も毛利との仲直り交渉も、『本能寺の変』の前からやってた説があるよ）。

後ろから攻撃される心配のなくなった秀吉は、

秀吉「これより！！！」

全軍に向け大号令《だいごうれい》。

秀吉「謀反人《むほんにん》明智を討《う》つべく、上方《かみがた》（京都付近《きょうとふきん》）へと向かう！！！」

近畿《きんき》方面に向け数万人が駆《か》け抜ける大移動、『中国大返し』が開始されたのでした。明智を討つという判断も、敵（毛利）への対応も超スピーディーでしたが、実際に移動を始めた秀吉軍のスピードがこれまた速い。

なんと、たった3日の間に……、

秀吉「まずは姫路城へ帰るぞ!! 走れぇ――――――――！！！」

備中高松城→沼城《ぬまじょう》（岡山県東区）→姫路城《ひめじじょう》

という約100キロの距離を移動しちゃうんです（姫路城は官兵衛が秀吉にプレゼントしたお城だよ）。

馬に乗った武将《ぶしょう》、徒歩《とほ》の兵士、道具を運ぶ部隊。それぞれ速度が違うから、城への到着は時間差あってバラバラ。
でも、全員が1日平均30キロ以上のRUN。
馬も足腰《あしこし》ボロボロ、歩きの兵士は下半身ごとモゲてもおかしくありません。
だけど……

兵士「ちょ、えぇぇぇぇ————!!!!」
秀吉「しゅっ……発だぁ————!!!」
兵士「まさか……」
秀吉「よし！　準備できた!!」

姫路城にはたったの2日滞在しただけで、またすぐに出発。
今度は、
姫路城→明石《あかし》
へと移動です。で、しばらくすると……

秀吉「よぉし！！！」
兵士「やめてやめて〝出発〟はやめて……『しゅっ……』って言わないで……」

秀吉「……はっ……」
兵士「(ホッ)」
秀吉「はっしれぇ――――!!!!」
兵士「そっちかぁ――――!!!!」

今度は明石を飛び出し、
明石→兵庫《ひょうご》(神戸市《こうべし》)
兵庫→尼崎《あまがさき》
という40~50キロの道のりを、
ダダダダダー!
少し休憩《きゅうけい》。
ダダダダダー!
って感じで、またたくまに走破《そうは》してしまうんです。
なんとも驚異《きょうい》的な光速移動。
ですが、**秀吉の凄《すさ》まじさは移動の速さだ**

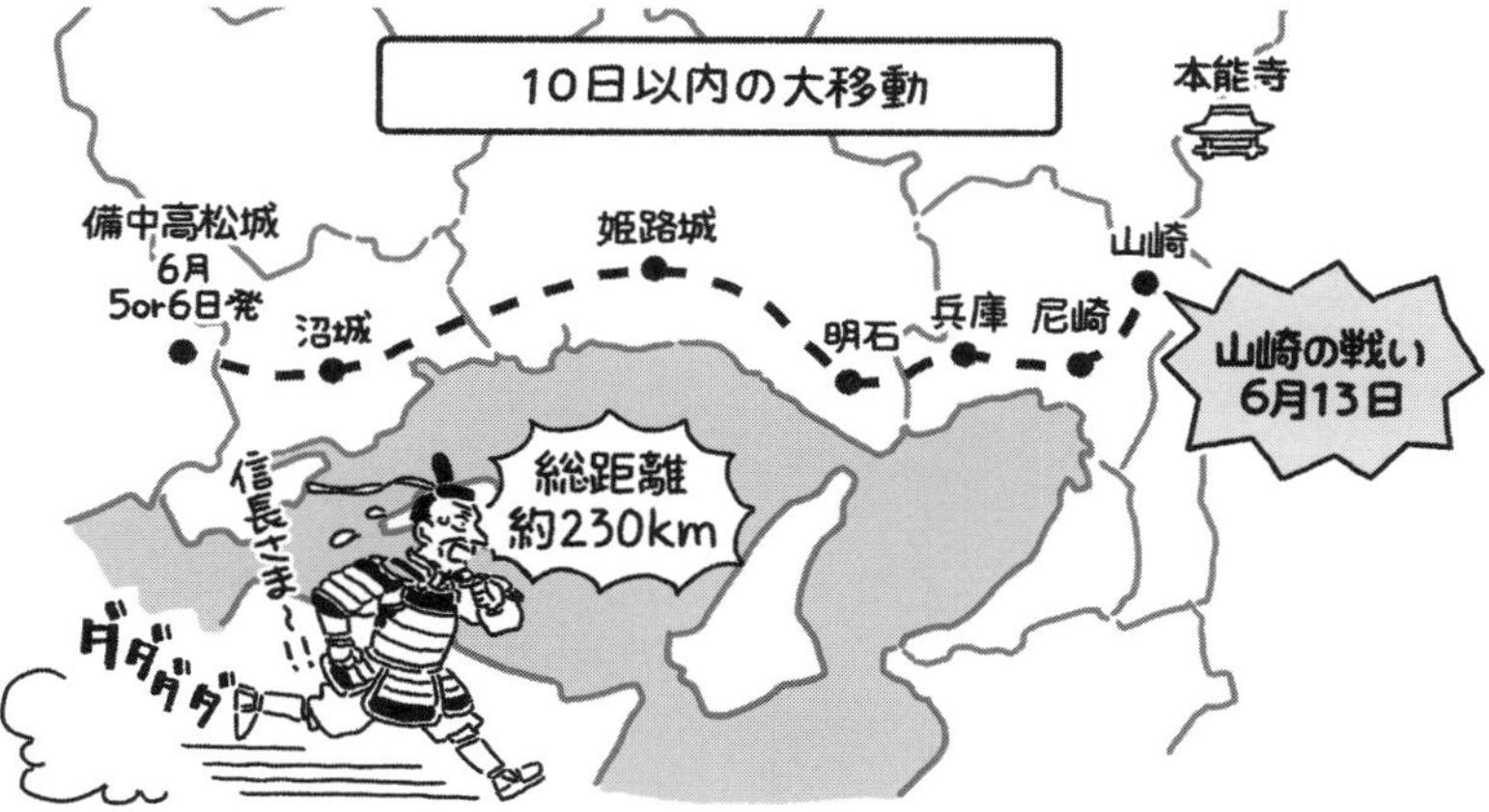

けにとどまりません。

爆走《ばくそう》しながら、

秀吉「おい！　この手紙を中川清秀《なかがわきよひで》さんに届けて!!」

近畿地方にいる信長の家臣《かしん》たちに手紙を出し、

使いの者「中川さんからの返書《へんしょ》です！」

秀吉「ごくろう!!」

その武将たちを、こちらの味方に引き入れるんです。

畿内《きない》（京に近い国々）といったら、光秀くんが担当している地域。

もしも、そこにいる武将たちが光秀につけば、ムチャクチャにやっかいです。

しかし、このときの彼らは「信長様が襲われた!?　で、今どういう状況!?」という感じで、確かな情報を手に入れてません。

そこで秀吉は、畿内の武将たちが光秀ではなく、自分に味方してくれるようソッコーで連絡を入れたんです。

ただ、その手紙の内容は、

秀吉「今京都から戻ってきたやつがたしかに言った！　信長様も信忠様《のぶただ》（信長の長男）もご無事だって!!　ピンチを切り抜けて膳所《ぜぜ》（滋賀県大津市《しがけんおおつし》）に逃げたんだ！　福富《ふくとみ》（って武将）がすげー頑張って何事《なにごと》もなかったみたい！　とにかく本当によかった！」

最初っから最後までウソ。

信長も信忠も亡くなってますし、福富さんという武将も亡くなってます。

さらに、

秀吉「北陸《ほくりく》（方面軍）の柴田勝家《しばたかついえ》さんも、京に向かってるってよ！」

なんてことも言ってるんですが、**これもウソ**。

「筆頭家老《ひっとうがろう》（家臣のトップ）の柴田さんも、光秀を倒《たお》そうとしてるんだから、勝ったも同然《どうぜん》よ！」的なことを言いたかったんでしょうが、そんな話は一切《いっさい》入ってきてません。

もう、ウソウソウソ、ウソつきまくり。とにかく、ニセ情報を拡散《かくさん》させるだけさせるデマ王子・秀吉。

しかし、手紙を受け取った武将たちは思うわけです。

武将「信長様や信忠様が無事なら、光秀はただの裏切《うらぎ》り者……。ならば、光秀を倒そうとしてる秀吉に味方しなきゃ！」

と……。

走って、書いて、味方が増え、走って、書いて、味方が増え。移動すればするほど、雪だるま式に膨《ふく》れあがっていく羽柴軍《はしばぐん》。

ついには、信長の三男・織田信孝《のぶたか》も秀吉側につき、

秀吉「信孝さんがこちらについてくださった！　ってことで、この敵討《かたきう》ちは、オレが手柄《てがら》欲しさに勝手にやってることじゃないからね！　だって息子さんが認めてくれてんだもん！」

ということを大声でアピールできるようになったときには、4万とも言われる大軍団（諸説《しょせつ》あり）が完成していたのでした。

一方、

光秀「え、秀吉がすぐそこに！！？　早すぎて速すぎない！！？」

秀吉のあまりのスピードに、心臓《しんぞう》が口からちょっと出た光秀。

味方してくれると思っていた武将にもことごとくそっぽを向かれ、満足のいく準備ができないまま、大軍と戦うことになります（光秀軍は諸説ありで1万6000）。

ぶつかる前から明暗《めいあん》のわかれた2人は、

『山崎《やまざき》の戦い』（京都府大山崎町《おおやまざきちょう》あたり。以前は『天王山《てんのうざん》の戦い』なんて呼ばれてたよ）

という合戦《かっせん》で激突《げきとつ》。

やっぱり……というのも光秀さんに申し訳ないですが、**秀吉がバッチリと勝利をおさめる結果**になったのでした。

備中高松城を出発したのが、6月5日or6日。

『山崎の戦い』が行われたのが、6月13日。

車も電車もない時代に、たった10日以内で約230キロの距離を駆《か》け抜け、さらにはその勢いのまま明智光秀を倒したことにより、秀吉という存在が頭一つ二つ抜けることになった――

それが『中国大返し』というスーパーリターンです。

中身のよくわからない逸話《いつわ》持ちの秀吉ですが、この**『中国大返し』という〝奇跡《きせき》〟**はまぎれもない事実。秀吉の実力を物語る出来事です。

しかし、事実は事実だけども、それが〝奇跡〟かといわれると、

実はね……。

パート4

伝説を操作した天下人

で、おさらいです。

【中国大返《ちゅうごくおおがえ》し】の最後です。

秀吉《ひでよし》、毛利《もうり》を攻めてたら『本能寺《ほんのうじ》の変《へん》』。

←光秀《みつひで》を倒《たお》すため驚異的《きょういてき》な速さで『中国大返し』。

←『山崎《やまざき》の戦《たたか》い』で光秀をやっつける。

お伝えしたように、『中国大返し』というのは、「奇跡《きせき》！」とか「神業《かみわざ》！」なんて表現が惜《お》しみなく使われる偉業《いぎょう》。

〝不可能を可能にする男、秀吉〟の、トリッキーな魅力《みりょく》がこれでもかと詰《つ》め込《こ》まれた出来事だったんですね。

ただね……という話に移《うつ》りましょう。

「本当に不可能なことだったの？」

と言われれば、

「ううん、そんなことないよ」

という返答になってしまうかも。

パート3にも出てきた通り、『中国大返し』の1日の最大移動距離は、約30キロと言われてます（35、36、37キロくらいがMAXかな）。

現代人が普通《ふつう》に歩くときの速さは、時速4キロ。早歩きで、時速5〜6キロくらい（平均ね平均）。

となると、30〜35キロの距離は……

普通の歩行（時速4キロ）では、8〜9時間、

早歩き（時速5キロ）だと、6〜7時間、

くらいの時間があれば歩けるという計算です（小休憩《しょうきゅうけい》入れるともうちょいかかるけど）。

こうなってくると、爆走《ばくそう》というよりは、

7〜8時間のウォーキング。

もちろん、長時間のウォーキングは本当にキツいし、連日《れんじつ》だし、メッチャクチャ大変なことってのは重々《じゅうじゅう》承知《しょうち》の上でですが……〝不可能〟ではなかったみたいです。

でもだよ（なれなれしくてすみません）、

それならどうして『中国大返し』が、「奇跡！」とか「神業《かみわざ》！」と言われて、もてはやされてきたのか？

その答えは、これまでの『中国大返し』が、

「備中高松城《びっちゅうたかまつじょう》から姫路城《ひめじじょう》までの約100キロを、たった〝1日〟で走り抜けた！」

という、まさしく〝神業設定《かみわざせってい》〟だったからなんですね（底抜《そこぬ》けにヤバい）。

何万人が1日で100キロを走破《そうは》……

そのあとにもまた長距離を移動して、途中《とちゅう》にいる敵も倒《たお》し、最後には明智との大決戦が待ってる……兵士全員がアベンジャーズなら可能です。

にもかかわらず、この説が信じられてきたのには理由がありまして……ある手紙に「秀吉たちは1日で約100キロ走った！」

なんてハゲたことが書かれていたからなんです。

でも、じゃあいったいそんな手紙を誰が書いたんだというとこれが、

〝**秀吉本人**〟

なのでございます。

さ、こっからが**パフォーマンス男の本領発揮**《ほんりょうはっき》です。

その手紙ってのは、『山崎の戦い』から約4ヶ月後に、秀吉が織田信孝《おだのぶたか》（信長三男）さんに宛《あ》てたもの（家臣に送って「信孝さんに見せといて！」といったもの）。

で、このときの秀吉と信孝は、

「信長様（父上）亡き後の織田家は、このオレが引っ張っていくんだ！」

というオーラをお互いがブリバリに出していて、2人の関係がおもくそピリついてる時期。ハッキリ言って、信孝は秀吉にムカついてます。

こういったベースがあった中、その手紙には……

秀吉「（なんやかんや書いてあって……）で、6月7日に27里《り》（約106キロ）を一昼夜《いっちゅうや》（24時間）で走り抜けて姫路城へ入ったんです！　よし、これでちょっと休憩だーなんて思ってたら、大坂（大阪）にいる信孝様が、明智に囲《かこ》まれてるってのを8日に聞いてですね！　信孝さまが切腹《せっぷく》させられたら大変だーって、そこからまた昼も夜もなしに走って……」

という感じのことが書かれてる。

つまりこれ、

「オレ、織田家や信孝さんのためにこんなに頑張ったんすよ！　だからオレを悪く思うの違くありません⁉」

という、秀吉による超絶アピールのための手紙だったんです。

と、なると、「1日で100キロ走った！」ってのは、

「こんなに大変な思いをしたのはあなたのためよ！」

ということを強調するため、話を盛《も》って書かれた可能性大の文章。

いくら本人談とはいえ……いや、逆にこのシチュエーションの本人談だからこそ、ちょっと信じられないよな？　というのがわかっていただけたんじゃないでしょうか。

しかしだな（偉《えら》そうにごめんなさい）、

そうなってくると、最後に残る疑問があります。

「1日100キロはムリ？　秀吉が『本能寺の変』を知ったのは翌日《よくじつ》か翌々日《よくよくじつ》でしょ？　京都から岡山まで200キロ以上あるのに、お知らせ届くの早すぎじゃない？」

という問題です。

たしかに、秀吉のもとには1日か2日後に「信長死亡」の速報が届いてます。

それに、ここの経緯《けいい》は詳《くわ》しいことがわかってなくてですね……

……あれ？

もしかして秀吉は、信長が死ぬことを事前に知っていたんじゃ……？

つまり、本能寺の……

『本能寺の変』の黒幕《くろまく》は……！

ってことはないでしょうね。

秀吉は毛利攻略《こうりゃく》という大プロジェクトの真っ最中。

ですから、

「緊急《きんきゅう》のときのために、信長⇅秀吉のホットラインは準備してたんじゃねーの？」

と、言われてるんです。

安土城⇅姫路城。

だったり、
京都⇅岡山。

だったり。

この間のポイントポイントに使者をスタンバイしておいて、リレー方式で手紙をつないでいけば、お知らせはすぐに届きます。

人や馬の数、走る速度によっては、200キロ以上離《はな》れた場所に、1日か2日でお知らせを届けるのも、全然不可能ではなかったんですね。

ちなみに、一般的には、「秀吉が『本能寺の変』を知ったのは〝超偶然《ちょうぐうぜん》〟だった」ってのが有名です。

〈秀吉の陣地《じんち》に怪《あや》しいやつが迷い込んできたので、調べてみると密書《みっしょ》(秘密の手紙)を発見。その密書は、明智光秀が毛利へと送ったもの。読んでみると、信長が本能寺で討《う》たれたことが書かれてあって、秀吉マジびっくり〉

って感じなんですが、創作《そうさく》の可能性が高いんです。たしかにちょっと都合良《つごう》すぎですよね。

というわけで。

もろもろのことを踏《ふ》まえて、『中国大返し&秀吉』からは、いったい何が学べるでしょう?

「超短期間で約230キロを駆け抜けたスピード」

もメチャクチャすごけりゃ、それを可能にした

「判断《はんだん》と対応《たいおう》のスピード」

も尋常《じんじょう》じゃありません。

ただ、もひとつスゲー部分をあげるとするならば、

「秀吉の演出力《えんしゅつりょく》＆自己プロデュース力」

だと思います（例によって個人的意見ね）。

「伝説にコーティングされてる」なんて言い方をしましたが、自ら《みずか》話を盛《も》ったり、伝説を創りにいった節《ふし》も大いにある秀吉さん。

もちろん、すべてのウソが通用してるわけじゃありません。

たとえば、このあと秀吉は、「関白《かんぱく》」（天皇《てんのう》をサポートする貴族《きぞく》のトップ）って職業に就任《しゅうにん》するんですが、そのタイミングで、

「うちの母ちゃんがさ、宮仕《みやづか》え（皇居《こうきょ》の中で働くこと）したときに妊娠《にんしん》して、尾張《おわり》に帰ってきて産んだのがオレ」

と言って、

〝あたかも自分が天皇の血を引いてる感〟を出したときは、「いやウソつけ！」の総ツッコミが入ってます。「オレは関白にふさわしい！」ってのをアピールしたかったみたいですが、まず母ちゃんが宮仕《みやづか》えしてたってのがウソです。

でも、

ウソを使って自分に有利《ゆうり》な状況を作り出したり、現代の僕たちに数々の伝説を信じ

込ませる種をまいた秀吉のディレクションほど、ゾッとするものはありません。

天下を取ったあとも身分の低い人たちに気軽に話しかけて、まわりを感動させた！　なんてエピソードもあるくらいです。この人が発する言動や振《ふ》る舞《ま》いのすべては、〝相手がどう思うか〟というところをスタート地点にしていたんじゃないでしょうか。

よく、〝人たらし〟（みんなから愛される的な意味）という言葉で表現される秀吉ですが、本来《ほんらい》〝人たらし〟は「人をだます」という意味。

なんだか真逆《まぎゃく》の意味を含んだ単語になってますが、ウソをつくにも、人を喜ばすにも、とにかく相手の心を読み取ろうとしたって部分で、あらためて秀吉を表すのにピッタリの言葉なんじゃないかなと思ってます。

相手がどんな状況で、何を思い、何を考え、何を求めているのかを読むというのは、昔も今もホントに大事な作業。

ここをおろそかにすれば、どんなコミュニケーションも、どんなアイデアも、まったく意味をなしません。が、徹底的《てっていてき》に相手の立場に立った考え方を追求すれば、自《おの》ずと最良《さいりょう》の答えにたどりつく。というのも、昔から変わらないのかもしれませんね。

ただ、秀吉のマネはやめた方がいいです。ウソつくとシンプルに嫌《きら》われっから（というわけで個人的見解でございました）。

さてこのあとは、その後の秀吉とまわりの状況を、〝カット〟しまくりでお届けしたいと思います。なので、みなさんに伝えたいのはただ1つ。

あとは自分で調べてね。

では！

column
ちょっとここで話しておきたい

秀吉のその後

さて、明智光秀《あけちみつひで》が亡くなりました。
これまでのなんとなーくの流れは、
『本能寺《ほんのうじ》の変《へん》』で光秀が信長《のぶなが》をぶっ倒《たお》したら
←
『中国大返《ちゅうごくおおがえ》し』で秀吉《ひでよし》が戻ってきて
←
『山崎《やまざき》の戦《たたか》い』でバトル。
←
秀吉が光秀をぶっ倒す。

って感じでしたね。

じゃあ、秀吉のその後をダ――ッとご紹介していくので、ここでは流れだけをつかんでください。

途中《とちゅう》で起こった出来事のちょっぴり詳しい説明はまた今度。


では、ダーッとご紹介。

秀吉が光秀を倒した2週間後。

織田家の重臣《じゅうしん》は清洲城《きよすじょう》（愛知《あいち》県《けん》）に集まり、

「清須会議」ってミーティングを開きます。

そこでは、
・織田家の跡継《あとつ》ぎは、信忠《のぶただ》のムスコちゃんの三《さん》法師《ぼうし》ちゃん（3さい）、つまり信長ちゃんの孫ちゃんでいこう！
・秀吉、柴田勝家《しばたかついえ》、丹羽長秀《にわながひで》、池田恒興《いけだつねおき》、信長次男・織田信雄《のぶかつ》、信長三男・織田信孝《のぶたか》などで領地《りょうち》をわけわけしよう！
みたいなことが話し合われ、

「まだ幼い三法師ちゃんの面倒《めんどう》を、叔父《おじ》の信雄・信孝が見て、重臣たちがそのフォローをしながら、話し合いで織田家をまわしていこうね！」

という体制が出来上がったのでした。

で、もめます。

光秀倒して勢いガンガンの秀吉に、柴田勝家が「あん？」となって、それに秀吉も「おん？」となり、

『賤《しず》ヶ《が》岳《たけ》の戦《たたか》い』


ってバトルで大ゲンカ。

で、**秀吉が勝ちます。**

さらにこの年、

大坂城《おおさかじょう》

という、とんでもなく豪華なお城をつくり始めた秀吉は、**「信長の後継者《こうけいしゃ》」＝〝次の天下人《てんかびと》〟**として注目を集めていくようになるんですね。

それに対し、

信雄「秀吉のやつ、織田家の家臣のくせに天下人気取《きど》りってか……ふざけんなよ!!」

信長の次男・信雄くんがイラッとして、徳川家康を誘い

『小牧《こまき》・長久手《ながくて》の戦《たたか》い』


という戦がスタート。

するんだけど、これも結果的に秀吉の勝利に終わったので、その勢いはまだまだ止まりません。

そこから秀吉は、紀伊国《きいのくに》（和歌山県《わかやまけん》あたり）を攻め、四国《しこく》の長宗我部元親《ちょうそかべもとちか》さんを下《くだ》し、その途中になんと、公家のトップ

関白《かんぱく》

になっちゃいます。

さらに、越中国《えっちゅうのくに》（富山県《とやまけん》）を手に入れ、朝廷《ちょうてい》から『豊臣《とよとみ》』の氏《うじ》をもらい、ビミョーな関係なままの〝あの人〟に……

秀吉「家康さん！　お願いだから家臣《かしん》になってくれ！　妹を嫁《とつ》がせますし、母親も人質として差し出しますから！」

家康「アプローチが独特《どくとく》すぎます！　わーかりましたよ！　家臣になります！」

積極的にアタックして、家康が秀吉の家臣にな

ります。そしてさらに、
九州《きゅうしゅう》の島津義久《しまづよしひさ》さんが頭を下げにきて、
関東《かんとう》の北条氏政《ほうじょううじまさ》・氏直《うじなお》親子が降参《こうさん》し、
東北《とうほく》の武将《ぶしょう》たちを従《したが》わせた結果、ついに……

秀吉「しゃー!! 統一《とういつ》したぞー!!」

秀吉は、全国統一を成《な》し遂《と》げたのでした。

こう見たら「戦《いくさ》ばっかやってんなー」の秀吉。

ですが、政治の部分でも歴史に残る画期的《かっきてき》なことをやってるんですね。

それが、**「太閤検地《たいこうけんち》」**と**「刀狩《かたながり》」**っていう、これまでのシステムにざっくりとメスを入れた、ドデカいプロジェクト。

ただ、日本を統一したあとも、

秀吉「お次は明《みん》（中国）を攻めるぞ！」

と、海外遠征《えんせい》までやろうとしてるので、やっぱり戦はライフワークだったんでしょう。でも……

秀吉「朝鮮《ちょうせん》さん！ 今度、明を攻《せ》めるんすよ。そこまでの案内よろしくお願いしますね！」
朝鮮の人「え、やだけど」
秀吉「じゃあまず朝鮮攻めたらぁぁぁぁ!!」

朝鮮に明への案内を断られたので、ターゲットを変更《へんこう》して、

『朝鮮出兵《しゅっぺい》』

が決定するんです（『文禄《ぶんろく》・慶長《けいちょう》の役《えき》』）。

このあと、文禄（って元号）、慶長（って元号）と、2回にわたって朝鮮に攻めこむんですが、2回目の『朝鮮出兵』のとき、秀吉は亡くなってしまったのでした。

以上！ ことさら雑な秀吉のその後でした。

では、もう少し、あとほんの少しだけ秀吉さんにまつわる出来事を解説したいと思うので、引き続きご覧ください。

ピックアップするのは、『賤ヶ岳の戦い』『小牧・長久手の戦い』『太閤検地』『刀狩』です。

賤ヶ岳の戦い 秀吉のその後 パート2

羽柴秀吉《はしばひでよし》と柴田勝家《しばたかついえ》が、近江国《おうみのくに》（滋賀県《しがけん》）の賤《しず》ヶ岳《がたけ》付近で激《はげ》しくバトったやつ。

織田家《おだけ》の重臣《じゅうしん》の2人が、織田家を二分《にぶん》して争ったのが『賤ヶ岳の戦い』です。

跡継《あとつ》ぎが三法師《さんぼうし》（信長の孫）に決まり、領地《りょうち》の分配《ぶんぱい》も済《す》ませた「清須会議《きよすかいぎ》」。

織田家のみなさんは、信長のいなくなった穴《あな》を埋《う》めるべく、全員で協力していくのかと思いきや……

信長のお葬式《そうしき》をでっかく執《と》り行うなど「オレが織田家引っ張ってます」感を出す秀吉。

三法師を自分の城・岐阜城《ぎふじょう》にかこって「三法師ちゃんの代理人、つまり織田のトップはオレだ」という雰囲気を出す信孝《のぶたか》（信長三男）。

そんな信孝を推《お》して、秀吉のやり方にイラッとしっぱなしの勝家《かついえ》。

勝家と信孝をはじき出すため、秀吉から織田のトップに推された信雄《のぶかつ》（信長次男）。

足並みバラバラ。険悪《けんあく》ムードしか漂《ただよ》ってません。

やがて、**秀吉・信雄VS.勝家・信孝の対立**はどんどん深くなり……戦っちゃうんですね。

秀吉は、北庄城《きたのしょうじょう》（福井県《ふくいけん》）にいる勝家が雪で動けない間に、勝家の養子《ようし》（柴田勝豊《かつとよ》）を攻撃して、岐阜城にいる信孝も降参させちゃいます。

「やべっ！」となった勝家は雪解《ゆきど》けを待たず出陣《しゅつじん》。

それに合わせて秀吉も木ノ本《きのもと》（長浜市《ながはまし》）という場所にスタンバイしますが、約1ヶ月ニラみあったまま両者動きません。

そのとき、一度は降伏《こうふく》した信孝がまたまた挙兵《きょへい》。

「しつけーな！」となった秀吉は、美濃《みの》の大垣《おおがき》に向かったんですが、その留守を狙った柴田軍の攻撃により、残された家臣たちは大ピンチにおちいります。

ところが！

それを知った秀吉は、大垣から木ノ本まで約50キロの距離を、5時間ほどで引き返してくるというミラクルリターンをぶちかますんです（**「美濃大返し」**）。

秀吉のフットワークの軽さに驚きを隠《かく》せないながら、なんとか迎《むか》え撃《う》つ柴田軍。

だったけど、ここで柴田側の前田利家《まえだとしいえ》（秀吉と仲良し）が、急に戦線《せんせん》を離れちゃったもんだから、柴田軍は総崩《そうくず》れとなります。

北庄城に退却《たいきゃく》した勝家は、妻・お市《いち》の方《かた》（信長妹、元は浅井長政《あざいながまさ》妻）とともに自害《じがい》。

勝利を手にした秀吉は、織田家の家臣《かしん》の中で、完全ナンバー1のポジションをゲットしたのでした。

ちなみに、このとき助け出された市の長女・茶々《ちゃちゃ》は、のちに豊臣秀吉の側室《そくしつ》・淀殿《よどどの》となります（次女・初《はつ》は京極高次《きょうごくたかつぐ》の正室《せいしつ》、三女・江《ごう》は徳川秀《とくがわひで》忠《ただ》の正室となります）。

なお、この戦いで活躍したとされる**「賤ヶ岳の七本槍《しちほんやり》」（加藤清正《かとうきよまさ》、福島正則《ふくしままさのり》、加藤《かとう》嘉明《よしあき》ら）や、石田三成《いしだみつなり》、大谷吉継《おおたによしつぐ》といった20歳前後の若い武将《ぶしょう》たち**が、こののち豊臣家の中枢《ちゅうすう》を担《にな》っていくことになるのでした。

織田家に関わる人たちのその後の人生を大きく変えたバトル、それが『賤ヶ岳の戦い』です。

小牧・長久手の戦い 秀吉のその後パート3

羽柴秀吉《はしばひでよし》と徳川家康《とくがわいえやす》・織田信雄《おだのぶかつ》が、尾張《おわり》を中心に美濃《みの》や伊勢《いせ》（三重県《みえけん》あたり）で大決戦《だいけっせん》。

秀吉と家康が直接戦った、最初で最後の戦闘《せんとう》が『小牧《こまき》・長久手《ながくて》の戦《たたか》い』です。

明智光秀《あけちみつひで》も柴田勝家《しばたかついえ》も倒《たお》し、大坂城《おおさかじょう》という超豪《ちょうごう》華《か》なお城までつくった秀吉。すると、

織田信雄「気にくわねぇな……」

勝家を倒《たお》すまでは協力し合ってた信雄（信長次男）と、グングン仲が悪くなっていきます。

それでも、秀吉と親しかった信雄の3人の家臣が、「モメるのはやめましょ！」と、大ゲンカになるのを止めてたんです。

が、信雄が3人の家臣を殺しちゃうと……

秀吉「あの3人を殺したってことは、そういうことですね!?」

信雄「そういうことだよ！」

秀吉と信雄は完全に対立。で、信雄は、

信雄「秀吉のヤローをぶちのめしたいんで、一緒に戦ってくれませんか！」

ある人に協力をお願いします。それが、

家康「戦うっしょ！」

父・信長のバディだった、徳川家康《とくがわいえやす》です。

このとき、旧《きゅう》・武田領《たけだりょう》をゲットして、5つの国（三河《みかわ》、遠江《とおとうみ》、駿河《するが》、甲斐《かい》、信濃《しなの》）を持つウルト

ラ大名になっていた家康さん。

そんな大怪獣《だいかいじゅう》と、次世代《じせだい》天下人《てんかびと》・秀吉という大怪獣がぶつかり、

『小牧・長久手の戦い』

という大決戦がスタートしちゃうんですね。

羽柴軍10万VS.徳川・織田軍1万6000〜3万。

という、どちらもおもいっきり諸説《しょせつ》ありな兵数《へいすう》ですが、秀吉の方が大軍《たいぐん》だったのは確か。

にもかかわらず、途中の戦闘では、家康が勝利する場面もあったんですから、徳川軍の強さはハンパじゃありません。

けれど、最終的には……、

家康「はあぁぁ!?　ひ、秀吉と仲直りしたぁ!?」
信雄「あ、はいぃ。あちらにガンガン攻撃されまして、こりゃヤバい……ってなりまして……。もうこれは和睦《わぼく》（仲直り）しかないなと……なりまして……。つい……」
家康「ついじゃねぇよ!!　あのねぇ、こちらは『織田家をたすける』という大義名分《たいぎめいぶん》をかかげてやらせてもうてます!!　それなのに、あなたが秀吉と仲直りしちゃったら、こっちに戦う理由がなくなっちゃうでしょ!!」
信雄「えぇ、まぁ、それはそれは……へへっ」
家康「おま、ぶち殺すぞ!!」

秀吉さん、信雄を狙《ねら》ってハシゴをスコーン！とはずしてしまいます（会話はもちろんフィクションです）。

『戦術的《せんじゅつてき》には家康が勝ったけど、戦略《せんりゃく》的《てき》には秀吉の勝ちだった』

なんて言われるこの戦い。でも……。

信雄は仲直りの条件に、領地《りょうち》やら人質《ひとじち》やらを秀吉に差し出し、家康も次男の於義伊《おぎい》（のちの結城《ゆうき》秀康《ひでやす》）を差し出してます。

終わってみれば、上司だった織田家を従《したが》わせることができた秀吉……の、勝利だよね？　というのが『小牧・長久手の戦い』です。

太閤検地 秀吉のその後 パート4

全国統一《ぜんこくとういつ》を果たして、けっこうすぐのこと。
秀吉《ひでよし》は、甥《おい》っ子《こ》で養子《ようし》の「豊臣秀次《とよとみひでつぐ》」に、「関《かん》白《ぱく》」のポジションをあげちゃいます。

で、

太閤《たいこう》

って呼ばれるようになるんですね（「関白」の座をゆずった人を「太閤」って呼ぶよ）。

この「太閤」……って単語を登場させたからには、

『太閤検地《たいこうけんち》』

ってものに、ふれずにはいられません。

『太閤検地』ってのは、「太閤（＝秀吉）がやった検地」です。

だからそのまんまの意味ですね。

いや違《ちが》うんだ、そういうことじゃなく、そもそもその前に、

「検地ってなんだ？」

という声も聞こえてきそうですから、そっからご説明してみましょう。

〝検地〟ってのは、

「田畑の面積＆『そこで農作物どんだけとれんの？』ってのを調査すること」

です。

大名《だいみょう》というのは、自国の土地のデータが欲しい生き物。だってそれがあれば年貢《ねんぐ》、いわゆる〝税《ぜい》〟を取り立てるとき、すっごく役に立つから。

ところが、大名が家臣《かしん》の領地を直接調査……なんてことはなかなかできません。

社長であっても、部下の家の中を調べまくったらキレられるのとおんなじです。

なので、実際の検地は「土地のデータ提出して

ねー」「はーい」みたいに、家臣による自己申告《じこしんこく》がほとんどだったんですね（自己申告制の検地を「指出検地《さしだしけんち》」って言うよ）。

しかし秀吉は、

秀吉「それだと収穫《しゅうかく》した米の量をごまかすヤツがいるかもだろ！　あと、国ごとに検地のやり方がバラバラで、これまたリアルな数字がわかんないよ！　いいか、**枡《ます》の大きさや、田畑を測る単位を統一して、実際にその土地に行って調べてこい！**　全国の正確なデータをたたき出すんだ！」

と家臣の役人（奉行）に命令し、全国一斉調査に踏みきったんです。

「米をはかる枡は『京枡《きょうます》』で統一しろ！」

「田畑の面積の単位は、〝**町**《ちょう》〟〝**反**《たん》〟〝**畝**《せ》〟〝**歩**《ぶ》〟だ！」

「6尺3寸（約191センチ）を〝1間《けん》〟として、1間四方《けんしほう》で、1歩《ぶ》ね！　30歩で1畝《せ》。10畝で1反《たん》。10反で1町《ちょう》。1町＝10反＝100畝＝3000歩、って計算式だからな！」

「田畑は、〝上〟〝中〟〝下〟〝下々〟のランクにわけるんだ！」

こんな感じで、基本的なルールを設定した秀吉。

ポイントなのが……

「上ランクの田んぼは、1反《たん》あたり『1石《こく》5斗《と》』の価値でいけ！　中ランクは『1石3斗』で、下田は『1石1斗』……」

みたいに、ランクごとの価値を〝お米の量〟で表したってとこです（〝**石**《こく》〟や〝**斗**《と》〟は、お米の量（体積）を表す単位だよ。1石＝10斗＝100升＝1000合）。

もちろん、同じ田んぼでも年によって収穫の量は変わります。

けど、目安になる量があった方がわかりやすいんで、『上＝1石5斗』『中＝1石3斗』のように数字を固定します。

マックのポテトが、『S＝○○円』『M＝○○

円』と決まってるけど、ポテトの本数まで毎回同じじゃないのと一緒っすね（感覚ね感覚）。

さらにポイントなのが……

「上ランクの畑や屋敷地は、1反あたり『1石2斗』ね！」

のように、**畑も、屋敷のある土地も、「お米で言えばこのくらいの価値だ！」と、米、コメ、こめ、ぜーんぶ、「お米」で表した**んですね。

このように、お米で表した1反あたりの土地の価値を「石盛《こくもり》」と言って、石盛に面積をかけたものを、ご存知《ぞんじ》、

『**石高**《こくだか》』

と言ったんです（「加賀百万石《かがひゃくまんごく》」とか「尾張《おわり》◯◯万石《まんごく》」という〝石高制《こくだかせい》〟が広まったのは、まさにこのとき。ちなみにこれより前は〝貫高制《かんだかせい》〟って言ってお金で表すことが多かったよ）。

秀吉「石高がわかりゃ年貢の量もわかるし、そこで食べていける人数も予想がつく。ということは、その国で養《やしな》える兵士の数もわかるってことだ。これからは『お前の国には◯千人の兵がいるよな？　戦をするからよこせ！』って言えるじゃん！　超便利！」

農民からとれる年貢。大名から駆《か》り出せる兵数《へいすう》。すべての国のあらゆるデータが秀吉のもとに集まった。これが、

『太閤検地』という、

とんでも大プロジェクトの正体です。

余談ですが、明智光秀を倒したあとから、秀吉が亡くなる年までやった検地を全部ひっくるめて『太閤検地』って言います。あと、秀吉家臣の役人がすべての国を調査したわけじゃありません。独自のやり方で検地をやり、それを石高になおして報告した大名もいます。そういった意味じゃ、完ペキなデータがそろってたってわけじゃないんでお気をつけください。

column
ちょっとここで話しておきたい

刀狩 秀吉のその後パート5

『太閤検地《たいこうけんち》』と合わせ技《わざ》一本でお伝えしたいのが、『**刀狩**《かたながり》』です。

これに関しては、ホントにまんま。「農民から刀を狩った」んですね。

戦国時代の農民てね、バリバリに武器《ぶき》持ってたんすよ。

自分たちの身を守るためにも、刀《かたな》、脇差《わきざし》(短い刀)、槍《やり》、当時最新の武器・鉄砲《てっぽう》なんかまで所持しまくり。

それを秀吉は、

「一　百姓《ひゃくしょう》(農民)が武器を持つの禁止な！　武器を持って、年貢《ねんぐ》を払わず一揆《いっき》を起こすようなやつは罰《ばっ》します！　そうなったら田畑を耕《たがや》す人がいなくなるから、まず武器をボッ収《シュウ》しとく！」

「一　ボッ収した武器はな、今方広寺《ほうこうじ》ってお寺作ってて、そこの大仏のクギやカスガイに使うから！　そうすりゃこの世でもあの世でも農民は救われるぞ！」

「一　百姓は農具だけ持って、田畑を耕すことだけをしとけば、子孫《しそん》まで無事に暮らせます！　百姓を愛してるから言ってんだぞ！　これで安心安全に暮らせるな！　よかったな！」

と、かなり恩着《おんき》せがましいスタンスで、刀狩令《かたながりれい》ってのを発表(全国いっぺんにってわけじゃなく)。農民から刀をボッ収していったんです。

この刀狩。

今までずーっと「農民から武器を取り上げて、一揆を防いでやる！」というのが目的だったと言われていました。

ものものしい言い方をすれば、農民の〝武装解除〟が目的だったと。

ところが、ボッ収した武器のラインナップを見てみると、槍がそこそこ、鉄砲はほどほど、だけど刀は多いな！　と、とにかくマジで〝刀〟を大量に取り上げてるんです。

農民の武力をなくすのがゴールなら、槍とかボッ収しなくていいの？　鉄砲なんか、もっとやっかいだよ？　って話ですが、文字通り、**刀を集中的に狩ってる**んですね。

ってことから、**秀吉がホントに目指したのは、〝兵農分離《へいのうぶんり》〟**。つまり、

秀吉「戦に出る兵士と、田畑を耕す農民とに、身分《みぶん》をキッチリわけるよ！」

ってことがやりたかったんじゃない？　と最近では言われてるんです。

戦国のときの兵士と農民は、すっごくグラデーション。

「はい、こっからは戦う人！　こっからはお米作る人！」なんてハッキリわかれておりません。

「武士は、成人すると刀を持つ」ってのは、なんとなくイメージとしてあると思うんですが、実は、農民も大人になると、一人前の証として刀を持ったんです。

だから秀吉は、

秀吉「身分をハッキリさせるために、『刀を持ってる＝武士・兵士』、『刀を持ってない＝農民』というふうに、見た目にもわかりやすいわけ方にしよう！」

と、農民から刀を持つ権利を奪《うば》っちまったんですね。

しかし、

「てかさ、なんで身分をわけたかったの？」

という素朴《そぼく》なギモンがわく紳士淑女《しんししゅくじょ》のみなさまがおられるやもしれませぬ。

そちらに１つお答えするなら、

「役割（仕事）をわけたかったから」

だよ、紳士淑女。

たとえば、戦争が起こっても、田畑を耕す役割の人がいれば、安定した年貢（税）をゲットできますよね。

逆に、戦いに出る役割の人がハッキリしていれば、いつ戦争を起こしても、まとまった兵士の数を確保することができます。

戦をするにも、税を手に入れるにも、役割をわけると、秀吉的にすごーく都合《つごう》が良かったそれが、

『刀狩』

のカラクリです。

『太閤検地』で、お米を基準に兵を確保して、『刀狩』で、身分をわけて兵を確保した秀吉さん。

やたらと兵士をキープしたところで、

「もう日本に戦う相手いないでしょ？」

と思われるかもしれませんが、

「うん、でもまだ海外にはいるから」

ってことなんですよ。

そう、秀吉に明《みん》（中国）を攻める構想があったから、全国を統一をした後もたくさんの兵を集め、やがてそれが『朝鮮出兵《ちょうせんしゅっぺい》』へとつながっていくんです。

教科書で見かける**『太閤検地』『刀狩』『朝鮮出兵』**。

「田んぼ調査した」「刀狩った」「朝鮮行った」ってとこだけを見てみると、まったく関係のない出来事がならべられてるだけで、覚える気にもなりません（人によるね）。

でも、

「なぜやった？」

という〝意図《いと》〟を知ってみると、実は３つのプランが絡《から》みあっていて、こんなとこにまでストーリーがある……ということを感じることができるんですね（これも人による）。

ってところで**【秀吉のその後】**、お開きでございます。

column

ちょっとここで話しておきたい

川中島の戦い

「あ、そうだ。戦国の戦を書くなら〝これ〟を入れとかなきゃ」と思ったので、**『川中島《かわなかじま》の戦《たたか》い』**という〝戦国《せんごく》きってのライバル関係〟を生んだ戦をご紹介したいと思います。

甲斐国《かいのくに》（山梨県《やまなしけん》）の大名《だいみょう》・武田信玄《たけだしんげん》と、越後国《えちごのくに》（新潟県《にいがたけん》）の大名・上杉謙信《うえすぎけんしん》が、川中島を含む善《ぜん》光寺平《こうじだいら》（長野盆地《ながのぼんち》）をバトルフィールドに争ったのが『川中島の戦い』です。

かなり有名な『川中島の戦い』……なんだけど、「この戦いで日本の歴史が変わった！」とかってわけじゃないんですよね。言ってみりゃ、ローカルバトルの1つ。

それでも抜群《ばつぐん》の知名度《ちめいど》を誇《ほこ》る理由とは……。

江戸時代《えどじだい》、武士の間でとにかく尊敬《そんけい》されてたのが、初代将軍《しょだいしょうぐん》・家康《いえやす》さん。

でも、**神《かみ》（東照大権現《とうしょうだいごんげん》）と崇《あが》められた家康をボッコボコにした大名が1人だけ存在します。**

そりゃ誰だ。武田信玄だ。

神を倒《たお》したなんて強すぎる……。

おい、武田の戦略《せんりゃく》や戦術《せんじゅつ》を書いた『甲陽軍鑑《こうようぐんかん》』って本があるぞ。これで学ぼう。てか、この中に出てくる『川中島の戦い』エモすぎんだろ。信玄もヤベーけど、軍神《ぐんしん》・上杉謙信もハンパねーな……。

という感じで、川中島さんの知名度が高まっていったのでした（ざっくり言えばね）。

武士の憧《あこが》れ『川中島の戦い』は、信玄が北信濃《きたしなの》（長野県北部）に攻め込むと、越後から謙信が出てきちゃってスタートします。

そこから10年以上、5回の戦闘《せんとう》を繰り広げた信玄と謙信（回数は諸説《しょせつ》あり）。

5分の4がニラみ合いか小競《こぜ》り合《あ》いで終わった

ものだけど、唯一激戦《ゆいいつげきせん》となったのが『第四次《だいよじ》川中島の戦い』です。

川中島の戦いの時は、信玄＝武田晴信。謙信＝長尾景虎《ながおかげとら》→上杉政虎《まさとら》→上杉輝虎《てるとら》。という名前でしたが、わかりにくいから「信玄」と「謙信」でいきます。

このとき、妻女山《さいじょさん》という山に布陣《ふじん》した謙信。それに対し、信玄の軍師《ぐんし》・山本勘助《やまもとかんすけ》は、

「隊を2つに分け、別働隊《べつどうたい》に妻女山を攻撃させて、山を下りてきた上杉軍を、武田本隊が待ち伏《まぶ》せしましょう。で、別働隊とはさみ撃《う》ちにするんです」

という「啄木鳥戦法《きつつきせんぽう》」を編み出します。

この作戦が採用され、別働隊は、深夜のうちに移動。早朝になり、妻女山への攻撃を開始……したのですが、そこに〝いるはずの〟上杉軍がどこにもいません……。

一方、上杉軍を待ち伏せするため、八幡原《はちまんばら》に布陣した信玄たち本隊。

川中島を覆《おお》った朝の深い霧《きり》が晴れる……と、目の前には〝いるはずのない〟上杉軍が！

信玄「え！！！」

武田軍の動きを察知した謙信は、音を立てず夜中のうちに下山《げざん》。信玄のいる八幡原に、同じく布陣したのでした。

謙信「かかれぇ――!!」

度肝《どぎも》を抜《ぬ》かれた信玄たちは、上杉軍の猛攻《もうこう》でメッタメタに。

信玄の弟・武田信繁《のぶしげ》や軍師・山本勘助など、武田の優秀な家臣たちが次々と亡くなっていく、そんな大乱戦の中……。

白手拭《しろてぬぐ》いで頭を包んだ騎馬武者《きばむしゃ》が、信玄のいる本陣へと斬《き》り込んできたのです。

ガッ！！！　ゴッ！！！　ガキッ！！！！

馬上《ばじょう》から放たれる三度の太刀《たち》を、軍配《ぐんばい》で受け止める信玄。

あとで聞くと、その騎馬武者こそが、謙信だったそうです。

やがて、武田の別働隊が到着すると、形勢《けいせい》が逆転。上杉軍は越後《えちご》に引き返していったのでした。

あまりに激しい**『第四次川中島の戦い』は、戦国史上、最も多くの死傷者《ししょうしゃ》を出した**と言われています。


と、いう具合に、映画や小説でも描かれてますが、中身はマジでよくわかってないんです。

「啄木鳥戦法」や謙信の行動は、不可能&おかしな点だらけだし、「信玄VS.謙信の一騎討《いっきう》ち」も、「死者数」も、確かな証拠は何1つありません。

現状、この戦いの具体的な内容は謎なんです。

ただ、**戦の天才同士が、北信濃を舞台に駆《か》け引きを繰り返したというのは、紛《まぎ》れもない事実。**

そんな戦国のロマンがどっぷりと詰《つ》め込まれた戦《いくさ》、それが『川中島の戦い』です。

関ヶ原の戦い

パート1

ファミリートラブルからの全国バトルロイヤル

さあ！　やってまいりました！

という感じがすごーく似合う、戦国時代の総決算《そうけっさん》バトル。『関ヶ原《せきがはら》の戦《たたか》い』。

「戦国時代ってどこまでが戦国時代？」

という話になると、関ヶ原さんはハミ出しくらってる可能性があるんだけど（1590年まで説なら）、この戦いを抜きに戦国の話をしちゃうと、寝覚《ねざ》めが悪くてコーヒーの味すら白湯《さゆ》に感じます。

だから戦国時代のカテゴリーに入れて、さっそくその概要《がいよう》を説明しておきましょう。

《豊臣秀吉《とよとみひでよし》が死んだあと、豊臣家はゴッタゴタに。権力《けんりょく》ガチつよになった**徳川家康《とくがわいえやす》**と、それに反抗する**石田三成《いしだみつなり》**がモメにモメた結果、1600年に合戦《かっせん》へと発展。日本全国の武将《ぶしょう》が東軍《とうぐん》と西軍《せいぐん》にわかれて、とーっても大きな戦いを繰《く》り広げます。で、**家康が勝って、その3年後に江戸幕府《えどばくふ》を開いちゃうのでした**》

といった感じで、

〝戦国後期のオールスターバトル〟

と言っていいのが、『関ヶ原の戦い』です。

これまでの戦いも、武将たちの多種多様《たしゅたよう》な心の動き、思いもよらない展開……いろんな人間ドラマが音色《ねいろ》となって奏《かな》でられたものばかりでしたが、それで言うと関ヶ原さんは、

〝思惑《おもわく》とプロセスのオーケストラ〟

です。

すごい数の人たちの立場や心情《しんじょう》が複雑に絡《から》む話なんで、細かいエピソードもたくさんあるんですが、あいかわらず大まかな流れをここに書きます（で、あいかわらず気になった部分があったら是非《ぜひ》自分で調べてみてください）。

ではいってみましょう。
『関ヶ原の戦い』です。

あら？
なんだか豊臣秀吉さんが苦しそう（入りが絵本みたいになってしまいました）。
「明《みん》を攻《せ》めるぞー。でもまず先に朝鮮《ちょうせん》だぁー」
と、意気込んでた秀吉さんでしたが、その途中で、病気がち、というかガチガチの病気になってしまいます。で、
死にます。
「え、日本のトップがいなくなったらヤベぇーじゃん」
て話ですが、秀吉さんには、
豊臣秀頼くん
という子どもがいたんで、そこは安心……かと思いきや、
遅くにできた子どもだけあって、この子がまだバリちっちゃい（秀吉が亡くなったときで6さい）。
今度は

「え、跡《あと》を継《つ》いでも政治できねぇじゃん」

という話になってくるんですね。

が、この問題もすでにクリア済み。

秀吉が病気で、うぅー……ってなってた頃から、豊臣家には

五《ご》大《たい》老《ろう》五《ご》奉《ぶ》行制《ぎょうせい》

という仕組みが誕生していたのでした。

「五大老」ってのは、「豊臣秀吉に途中から従った力の大きな５人の大名《だいみょう》（外様《とざま》）」のことで、メンバーは、

徳川家康《とくがわいえやす》、前田利家《まえだとしいえ》（秀吉仲良し）、毛利輝元《もうりてるもと》（元就《もとなり》の孫）、上杉《うえすぎ》

景勝《かげかつ》（謙信《けんしん》の養子《ようし》）、**宇喜多秀家《うきたひでいえ》（岡山《おかやま》の人）**。

って人たち。

「五奉行」ってのは、「豊臣秀吉の直属の部下だった、政治のお仕事をがんばる5人の家臣《かしん》」のことで、メンバーは、

浅野長政《あさのながまさ》、**石田三成《いしだみつなり》**、**増田長盛《ましたながもり》**、**長束正家《なつかまさいえ》**、**前田玄以《まえだげんい》**。

って人たち。

あくまでたとえだけど、「豊臣ホールディングス」って大きな会社があったとしたら、その子会社や関連会社の社長が、「五大老」。

本社の社員が、「五奉行」。

みたいな感じかな。

この合わせて10人のおじさんが、

「集まって会議して、政治すすめていこー（**合議制《ごうぎせい》**って言うよ）」

というシステムが「五大老五奉行制」で、すでに〝秀頼くん完全バックアップ体制〟は整ってたんですね。

（実際には「五大老」「五奉行」っていう、正式な名前があったわけじゃないっす。しかも最近じゃ「〝大老〟が奉行《ぶぎょう》と呼ばれたり、〝奉行〟が年寄《としより》と名乗ったりしてた」とか、いろいろアベコベなんですが、ま、とりあえずはこれで）。

しかも、秀吉さんは死ぬ間際《まぎわ》、

秀吉「ひ……秀頼のことを……く、くれぐれも……くれぐれものやつです」

五大老五奉行「おす!!」

秀吉「ひ、秀頼が成人するまでは……前田の利家っちが大坂城《おおさかじょう》（大阪）に入って、秀頼の後見人《こうけんにん》をやってください……家康さんには伏見城《ふしみじょう》（京都《きょうと》）に入っていただき、日本の政治をやってもらいたい……」

前田利家・家康「ラジャー!!」

と、みんなに念入《ねんい》りにお願いしてます。

ですから、豊臣家と日本は、これからもず――っと平和なのでした。

……と、なってたら、関ヶ原ってません、い、い、い、い。

豊臣家というのは、秀吉というカリスマがいたから、うまく回っていた政権。図太《ずぶと》い柱がスコーンと抜《ぬ》けちゃったんですから、そりゃトラブります。

というわけで、まずご紹介したいのが、最初のトラブルを作ったこちらの方。

太閤《たいこう》はん亡きあとの一番の実力者、

徳《とく》川《がわ》家《いえ》康《やす》さん

です。

ちなみに、「大名の『石高《こくだか》』ランキング」を見てみますと……

1位 徳川家康（五大老）約255万石

2位 毛利輝元（五大老）約120万石

3位 上杉景勝（五大老）約120万石

4位 前田利家（五大老）約83万石

5位 伊達政宗　約58万石

6位 宇喜多秀家（五大老）約57万石

圧倒的1位が家康さんです。

同じ五大老でも、1位と2位でダブルスコア。そりゃなんか動きたくもなるでしょう（このときの家康の領地は関東。秀吉の命令でガバッとお引越ししてたんです）。

そんなダブルスコ康さん。秀吉が死んだとたん、いろんな大名（島津《しまづ》、増田《ました》、細川《ほそかわ》、長宗我部《ちょうそかべ》など）のお宅訪問を始めるんですが、これがムッチャクチャグレーゾーンアクションなんです。

秀吉は生前《せいぜん》
「大名同士で契約書《けいやくしょ》交わして仲良くなんなよ！」

などの禁止事項を作っております（**「御掟《おんおきて》」**って言うよ）。

大名が個人的に仲良くして、そいつらの勢力強くなったら、謀反《むほん》を起こすかもしれないからですね。

だから、お宅訪問てのはギリッギリの行動。契約書こそ交わしてないけど、限りなくアウトに近いセーフです。

て、思ってたら……

使者A「ちょっと家康さん‼　こちら四大老（家康以外）と五奉行から『家康を問い詰《つ》めてこい！』と言われて来た使者ですけど、どーなってるんですか‼」
使者B「あなた、御掟おぼえてますよね⁉　その中の1つに『大名家同士の勝手な婚《こん》姻《いん》は禁止』とあるんです！　いいですか〝禁止〟です‼」
使者C「それなのに‼　あなたは自分の子ども（養子含む）と、ほかの大名の子どもとの結婚をバンバンすすめてらっしゃる‼　蜂須賀《はちすか》、福島《ふくしま》、伊達《だて》、黒田《くろだ》！　豊臣家の大事なルールを破《やぶ》るとは、これイカに‼」

家康「うるせータコ」

使者C「じゃあお次はエビだ！　バッッカヤロー!!　おもしろくねぇよ!!」

ついに家康、秀吉が設定したルールをぶち破って完全アウト。しかも……

家康「ごめんごめん、婚姻のルールね。忘れてたわ」

使者A「（座ってるのに転ぶ）わすわすわす、わす……ふざけんな!!　納得《なっとく》のいく答えをもらえなければ、大老をやめてもらうことになるぞ!!」

家康「ほぉ……。私に『政治を任《まか》せるよ！』と言われたのは太閤殿下《たいこうでんか》だ。この家康を大老から外すということは……あんたら秀吉様の遺命《いめい》に背《そむ》くってことか？」

使者B「（変な顔になっちゃって……）いや……それは……」

家康「ちょっと忘れただけでギャーギャー騒《さわ》ぐな!!　帰れっ！！！」

使者たち「ぬぅわ———!!」

開き直り、使者をおどして追い返した（なんて説もある）のでした。

この当時の結婚《けっこん》は、イコール同盟《どうめい》。

勢力を強くする働きかけはダメだっつってんのに、家康はそれをガン無視したんですね。

当然、大坂城にいる四大老・五奉行は、ブチギレカーニバル。

しかし、伏見城《ふしみじょう》の家康も「そっちがそんな雰囲気ならさ……」と、関東から家臣と兵士を呼び寄せちゃって、臨戦《りんせん》フェスティバル。

家康がルールを破ったことをキッカケに、

家康（伏見城）VS.四大老・五奉行（大坂城）

という対立が生まれ、伏見城と大坂城の間に、一触即発《いっしょくそくはつ》の空気が流れるんです。

そんな中、

石田三成「っざけんなよぉ！！！！」

家康に対して特に怒《いか》り心頭《しんとう》だったのが、『関ヶ原の戦い』のもう1人の主人公、

石田三成さん

です。

この方、若い頃から秀吉に仕え、長いこと豊臣家に尽くしてきた、豊臣ラブの塊《かたまり》。

今もそのすべてを秀頼くんに捧《ささ》げる、豊臣一筋《ひとすじ》の優秀な奉行です。

そんな三成だからこそ、とにかく家康に腹が立ってしょうがありません。

三成「何を……何を考えてんだ家康さんは!!」

加藤清正「いやお前もな（怒）」

あれ？

おかしいね？　三成さんも誰かに怒られてるね（絵本みたいパート２）。

そうなんです。

家康にブチギレてる三成ですが、彼は彼で、同じ豊臣家の家臣たちから絶賛《ぜっさん》ブチギレられ中だったんですね。

いったい何があってそんなことに？　これまたトラブルのにおいがプンプンする展開ですが、原因をご紹介していきましょう。

思いあたるものは２つです。

１つめは、

「いろんな武将が、三成たち五奉行にムカついてた」

というもの。

「奉行だかプジョーだかしんねーけどよ！　ただの役人がエラそーにすんじゃねー。『これは秀吉様のご命令です』って感じでツンとしやがって！　いいか！　秀吉様がエラいだけであって、お前らはエラくない！　秀吉様が亡くなってからもそうだ！　いくら遺言《ゆいごん》とはいえ、ソロバン弾《はじ》いてるだけのヤツらが政権の真ん中にいて、豊臣家を取り仕切《しき》ってることに納得がいかねぇ！　槍働《やりばたら》きも満足にしてねーお前らが、格上《かくうえ》の大名にエラそーに命令すんな！」

と、不満タラタラです。

で、２つめ。

こちらは三成個人への恨《うら》みなんですが、

「朝鮮出兵に関して、三成、たぶん、やらかしてる」

というものなんですね。

朝鮮出兵での三成の仕事は、武具《ぶぐ》や兵糧《ひょうろう》の準備などの**戦闘サポート**と、秀吉と現地との**連絡役**。

前線でバリバリ戦っていたのは、加藤清正《かとうきよまさ》、黒田長政《くろだながまさ》、藤堂高虎《とうどうたかとら》、蜂須賀家政《はちすかいえまさ》といった**戦闘タイプの人たち**です（**「武断派《ぶだんは》」**とか**「武功派《ぶこうは》」**なんて言ったりします。朝鮮出兵以前の加藤さんは、意外にも奉行的な活躍の方で目立ってたりしてますが)。

秀吉的には「ドンドン攻めろー」の朝鮮出兵。だけど、現地の武将からすれば、

「いやムリムリ。状況かなり厳《きび》しめなんだから、慎重《しんちょう》にいかないと……」

ってのが本音です。

それなのに、彼らがちょっとでも戦闘を行わないと、

「あいつら、ちゃんと戦ってません！　手を抜いてます！」

なんて、サボり報告が秀吉に届き、

「なにやってんだ‼　お前は謹慎《きんしん》！　お前は領地《りょうち》ボッ収‼」

という、**バチギレ&処罰《しょばつ》の、戦闘ハラスメント**が起こっちゃったんです。

で、その報告をしたのが三成の身内……

で、そいつは逆に、報告のご褒美《ほうび》で領地が増え……

で、三成も秀吉から領地を与えられそうになったもんだから（辞退《じたい》したけど）……

「なんっってだよ！！！！！」

戦闘タイプの怒りゲージはＭＡＸを突き破ります。

加藤清正「ふざけろよおい……苦しい思いをして戦ったオレたちが痛い目を見て、デ

タラメな告げ口をした連中には恩賞が……」
黒田長政「この一件、連絡役の三成も絶対関わってんだろ……」
蜂須賀家政「ど――いうことだ三成ぃぃ！！！！」

といった具合に、三成へ大きな怒りが向けられたんですね。
はい、ほんで家康は、三成にキレてるこの人たちと仲良くなってるわけですよ。
そーなるとどうなります？
何人かの豊臣系武将は家康に味方しますよね。
となると、家康と四大老・五奉行のいがみ合いに、数人の豊臣系武将も加わって、
家康・豊臣系武将（伏見城）VS.四大老・五奉行（大坂城）
という対立になり、その緊張がピークに達してしまうんです。
このままだと全面戦争！　２つの城がロボならもう少しで変形！　と思ったら！

前田利家「いま病気しちゃってるから、家康と戦うのしんどいな……」
家康「ま、悪いことやったのこっちだしなぁ……」

という、両方のボスの思いが重なったのか、

家康&利家「いろいろ悪かった！　チャラにしよう！」

意外や意外、秒での仲直りが成立するんです。

その後、利家さんが家康さんのお屋敷《やしき》を訪れたり、家康さんが病気の利家さんを見《み》舞《ま》ったりと、両者の関係は良好に。

こうして豊臣家には、幾久《いくひさ》しく平穏無事《へいおんぶじ》な日々が訪れたのでした。

……と、なってたら関《せきが》ケってません。

ある人の〝死〟をキッカケに、

豊臣家はまた、荒れます。

パート2 独裁バルーン

さぁパート2です【関ヶ原《せきがはら》の戦《たたか》い】の。
まずはそうおさらいですね。

秀吉《ひでよし》死んじゃうよー。←
政治は、五大老《ごたいろう》五奉行《ごぶぎょう》がするよー。←
家康《いえやす》と四大老・五奉行でモメるよー。←
仲直りするよー。←

でもね……

前田《まえだ》利家《としいえ》が亡くなります。

これが実にヤバい。

秀吉の昔からの友人で、家康と唯一《ゆいいつ》わたり合えた利家さん。この人がいたから家康はへたに動けなかったし、豊臣家はまとまっていたというのに、利家さんが亡くなれば、争いを止める人がもういません。

え、それなら家康とみんながまたモメるんじゃ……？

その通り。激速《げきはや》で事件は起こります。

利家さんの亡くなった次の日、家康VS.三大老・五奉行の戦いが……

三成《みつなり》「逃げろぉぉぉ！！！！」

加藤清正《かとうきよまさ》「三成どこだぁぁ！！！」

黒田長政《くろだながまさ》「あのヤロー大坂を出やがった‼」

思ってたのと違った。

発生したのは「家康VS.！」のバトルじゃなく、**「豊臣系武将に三成追《みつなりお》われる！」**というアクシデント。

三成や他の奉行たちに超絶《ちょうぜつ》ムカついてる加藤清正《かとうきよまさ》、黒田長政《くろだながまさ》、福島正則《ふくしままさのり》、蜂須賀家政《はちすかいえまさ》、藤堂高虎《とうどうたかとら》、細川忠興《ほそかわただおき》、浅野幸長《あさのよしなが》の7人が、

七将襲撃事件《しちしょうしゅうげきじけん》

という、おもくそ**三成を襲っちゃう事件**を起こすんですね（史料によってメンバーが違ったりするけど、この7人の可能性が高いよ。あと〝襲撃〟はしてなくて〝訴訟《そしょう》騒動《そうどう》〟だったって説もあるよ）。

しかし、三成は襲撃の情報を事前にキャッチ。大坂を出て、伏見城《ふしみじょう》の自分の屋敷へと逃げ込みます。

が、あとを追っかけてきた7人も伏見城の外へ到着し、

福島正則「出てこい三成ぃぃぃ‼　一緒《いっしょ》にいる奉行たちもだ‼」

お城の中と外でニラみあいになったのでした。

戦闘《せんとう》タイプ7人VS.三成。

ティラノサウルス7頭《とう》VS.スコティッシュフォールドみたいなもんです。

恐怖におびえ、キョドって震《ふる》えてパニクる三成。

を、想像するかもしれませんが……

三成「輝元《てるもと》さん！　ヤツらの動きがストップした今がチャンスだ！　こちらから戦いを仕掛けましょう！」

化けスコティッシュフォールドです。

なんと三成、おびえるどころか、戦闘タイプ7人をぶっ倒そうとするんですね。

仲間たちと一緒に逆襲《ぎゃくしゅう》の作戦を考え、五大老・毛利輝元に戦いの準備をお願いするというギラつきっぷりです。

しかも、三成を襲った7人は家康派。彼らと戦うということは、その先にいる家康とも……！

毛利輝元「ムリだ!!」

ムリなんすよ。

小西行長（仲間）「ダメだ！　大坂城にいるヤツらも、家康になびいてる……。オレたちが城に入るのを止めてきやがる……！」

大谷吉継（親友）「大坂城も家康派に染《そ》まったとなると、秀頼《ひでより》様はあちらの手に……」

安国寺恵瓊《あんこくじえけい》（坊さん）「これでは誰もついてこない！」

奉行（増田・長束・前田玄以）「サイアクだよ〜」

突然ですが、**武士が行動を起こすとき重要視してるもの**って何だと思いますか？

それはズバリ、

「まわりから〝正しいことしてるヤツ〟って思われるかどうか」

なんですね（正当性《せいとうせい》ってやつですね）。

じゃ、このときの正しさは何？　となると、これまたズバリ

「豊臣家公認かどうか」。

豊臣さんが認めりゃ、もっと言うと豊臣トップの秀頼くんが認めりゃ、どんなヤツ（行動）にも正当性が与えられたんです。

三成たちが「戦闘タイプ7人」や家康を倒すには、やはりいろんな大名《だいみょう》の協力が必要です。

そのためには、秀頼くんの公認が必要……なんだけど、秀頼くんはまだ子ども。

だからぶっちゃけ、秀頼くんを手元に置きさえすりゃ、豊臣家のオフィシャルサポ

ーターになれたんですね。
つーわけで、秀頼くんのまわりも家康派だらけになった今、三成たちが大名に協力を求めることはかないません。だから家康とも戦えない……。
うん、これはオワッてます。

家康「はいはい、鎮《しず》めよう鎮めよう。家康はね、天下の政治をあずかってますからね。もうこの騒動、鎮めましょうね」

そんな中、事件の最終ジャッジを下すべく、家康の登場です。

家康「とりあえずね、三成くんを追いつめるのはダメ。そんなことしたらかわいそうでしょ」
加藤清正「でもね、あのね、あのね……」
黒田長政「だってね、三成がね、あのね……」
家康「はいはい、１人ずつ。じゃ長政くんからね。……うんうん……朝鮮での……うん……あーなるほどねー。ちなみに福島くんはずっと怖い顔してるけど、何か言いたいことある？」

福島「奉行たち！　キライ！」
家康「あーそう（笑）、じゃ、こうしよう。黒田くんや蜂須賀くんの朝鮮での働きを調査し直す。そうすりゃボッ収された領地を返すことができるかもしれないよ？」
黒田&蜂須賀「ホントに!?」
家康「うん、ホント。で、次ね。三成くんは佐和山城《さわやまじょう》（三成の城・滋賀県《しがけん》）で隠居《いんきょ》することになったんだけど、奉行のみんなは……」
三成「え、え、え、え、え、え？」
家康「え、え、え、じゃないよー。そりゃそうだよー。騒動の原因作っといて、命も助かる、バツもなし、はいハッピー。そんなわけにはいかないよー。とにかく、三成くんが責任を取るって形にするから、ほかの奉行はおとがめナシ！」
加藤&浅野（幸長）&細川「え――――!?」
家康「えーじゃありません。奉行たちもそれでいいね？」
奉行（増田・長束・前田）「（三成をチラッとみて）……はい！」
三成「な！」
家康「よし、これで一件落着《いっけんらくちゃく》だね！」
藤堂高虎「見事なご裁定《さいてい》。心から敬服《けいふく》いたしました」

家康「お……おう……」

三成を佐和山城にぶっ飛ばして、ジャッジ終了。

勝者、家康です。バッキバキに。

自分に敵意むき出しの三成を政治の舞台から引きずりおろし、三成に恨《うら》みを抱《いだ》いてる武将の願いを聞き届け、より一層の信頼を勝ち取る。

同格《どうかく》の大老でさえ、家康に逆《さか》らう者はいなくなり、三成以外の奉行もすっかり家康の言うことを聞くようになった……。

これぞまさに独《ひと》り勝ち。

でもね、まだまだ……

家康「ごめんくださーい」

家康の独走《どくそう》はこんなもんじゃありません。

大坂城の人「あーこれはこれは家康さん！　ようこそおいでくださいました。ささ！

家康「ええ、なんか暗殺《あんさつ》されるって聞いたんで、いっぱい連れてきました」
　秀頼さまがお待ち……スゲー数の兵ですね……？」

　三成襲撃から約半年後。
　重陽《ちょうよう》の賀《が》（9月9日にある菊の節句《せっく》だよ。桃《もも》の節句や端午《たんご》の節句の仲間）ってやつで、豊臣秀頼くんに「おめでとうございまーす」を言うため、大坂城にお出かけした家康さん。
　実はこのとき「徳川家康暗殺計画」があるというウワサが、家康の耳には届いていて……

家康「でね、暗殺企《たくら》んでるやつらをお仕置《しお》きするためにも、しばらく大坂城に住もうと思うんです」
大坂城の人「だ、え!?」
家康「え!?」
大坂城の人「え!?」
家康「え!?」
大坂城の人「いや、え！！？」

ウワサを利用し、大坂城にドカッ！　と居座る家康。

大坂城の人「……てか、暗殺を計画してるのって……いったい……？」

家康「前田利長《まえだとしなが》（前田利家さんの息子さん）がリーダーで、浅野長政（五奉行）などなどが計画に加わってるらしいです」

そこから、家康は前田利長に向かって言います。

家康「加賀《かが》（石川県南部《いしかわけん》）の利長さーん！　なんか最近お城を修築したり、兵器集めたりしてるらしいじゃないですかー？　これってー、『家康と戦ってやる！』ってことですよねー？　わかりました、じゃあこちらからケンカしに行ってあげますねー！（スウウーと息を吸いこんで……）北陸征伐《ほくりくせいばつ》だぁぁ!!」

前田利長「ウソ!?　ちょちょ、ちょっと待ってください!!　暗殺なんて考えてません!!」

家康「ホントに？　じゃ、あなたのお母さんを人質としてよこしたら信じてあげる」

利長「そ、そんな!!」

芳春院《ほうしゅんいん》「人質なるよー」

利長「か、母さん!!」
家康「許すよー」

暗殺計画がホントにあったのか、前田さんたちをよく思わない人によるニセ情報なのか。はたまた家康本人によるデッチ上げなのか。……真相は闇《やみ》の中……（芳春院さんは、前田利家の奥さんです。大河ドラマで『利家とまつ』ってあったんすけど、その〝まつ〟さんのことです）。

ですが、この騒動で、五大老の1人だった前田家も家康に従うこととなり、五奉行の浅野さんは職を解かれ追放。

残された三奉行（増田《ました》、長束《なつか》、前田玄以《まえだげんい》）も、すっかり家康にゴロニャーゴです。

しかも家康は、大坂城と秀頼くんまで手に入れてますよね。


〈武力と権力の王者・家康〉＋〈豊臣のトップ・秀頼〉

＝〈無敵《むてき》〉

無敵です。

今後、秀頼くんを抱っこした家康のやることは、どんなことであろうと、

〝正しい〟。

いかがでしょう？　家康の無双状態《むそうじょうたい》、思ったよりヤバくないですか。誰もこんなミスターパーフェクトに戦いを挑《いど》もうとは思いません。

でも、挑んだ武将たちがいたから『関ヶ原の戦い』が起こるんですが、あまりにも無謀《むぼう》すぎますよね。

しかし……ホントに無謀だったんでしょうか？　三成たちに勝ち目はなかったんでしょうか？

それは、次にお届けする話を読んでいただければわかります。

テーマは「立場逆転」です。

パート3

今こそ集え、正義の名の下に

ではでは、【関ヶ原《せきがはら》の戦《たたか》い】パート3です。
ではでは、おさらいです。

秀吉《ひでよし》が死んで、豊臣家《とよとみけ》がすっごいモメてるの。
↓
前田利家《まえだとしいえ》さんが死んで、七将襲撃事件《しちしょうしゅうげきじけん》が起こるの。
↓
家康《いえやす》がケンカを止めて三成《みつなり》が隠居《いんきょ》するの。
↓
ほぼ家康の天下なの。前田家も従わせてマジでほぼ天下なの。
↓

マジでほぼ天下、だったけど……

家康「ギッタギタにブチのめしたらぁぁ――――!!!」

家康をブチギレさす事件が起こります。

いったいどうしちゃったんだいということで、そちらのお話からスタートしていきましょう。

実はこのブチギレ騒動《そうどう》。『関ヶ原の戦い』のスイッチになったと言っても過言《かごん》じゃないんですね。

ヒントは「やたらと長い手紙」です。

あるとき、家康のもとに、こんな報告が届きます。

「会津(福島県あたり)の上杉景勝(五大老)が、越後《えちご》(新潟県《にいがたけん》)との国境に道や橋を作ってます!」「景勝のヤロー、武器集めてるらしいです!」

「道や橋作って武器まで集めてるって、戦争の準備ですよ、これ!」

つまり、「上杉のやつ、謀反《むほん》を起こす気です!!」という意味の報告なんですね。

このニュースを聞いた家康は、

家康「ちょっと上杉さん！　謀反を起こすってホント!?　もし違うって言うならさ、こっちに来て説明してちょうだい！　いい？　まず来て！」

と、上杉家にプレッシャーをかけまくり。

でも、心の中では……、

「フフ……これで、上杉も前田家のように従《したが》わせることができる……」

と、喜んでた可能性がすんごく高い。

いずれにしろ「どーすんだよ！」とあわてるのは、家康のまわりにいる人たち。

「おい！　上杉に『今お前らヤバいよ！』ってことを伝えないと、事件になるぞ！」

とドッタバタです。

そこで、豊臣家に仕《つか》えてた西笑承兌《さいしょうじょうたい》ってお坊さんが、彼と親しかった**直江兼続**《なおえかねつぐ》（「愛」の兜《かぶと》でおなじみ）

という、上杉家のナンバー2にお手紙を出すんですね。

「上杉（景勝）さんが全然上洛《じょうらく》しないから、家康さんが怪《あや》しんでます！　道や橋作ってんのも武器集めてんのも……！　とにかく、謀反のウワサが広まってますから、こっちに来て説明して、謝《あやま》った方がいいです！　そしたらきっと許してくれますから！」

するとと、直江兼続からお返事が……返ってきたはきたんですが……

家康「上杉さん、こっち来るって言ってる？」
西笑「いや、その……なんて言うか……（手紙渡す）」
家康「え、長っ」

文字量ギッシリ。
届いたのはとにかく長ぁーい手紙。
そこにはズワ――ッと、いろんなことがつづられていたんですが、ムギュッと短く訳せばこうなります。

「は？　by直江兼続」

さすがにはしょりすぎたので、もう少しだけ長めに。要点をまとめると、こんなことが書かれていました。


「手紙見ました。

家康様が怪しむのもしょうがないっすね。遠くにいる景勝についてはあらゆるウワサが飛び交うでしょうから。ま、こっちは別に問題にしてませんけど（笑）。てか、上洛しろしろ言うけど、一昨年に上洛して、やっと去年の9月に帰ってこれたーと思ったらまた正月に来いって……いつ国の仕事すりゃいいんでしょう？ それにこっちは雪国だから10月～3月まで何もできねーんすよ。

あ、うちの景勝は謀反《むほん》なんて1ミリも考えてねーから。

デタラメな報告するやつをよく調べもせずに『謀反する気だ！』なんて思われちゃどうしようもねーよな。人をおとしいれようとするやつがいたら調べるのが当然だ。それをしないってことは、家康様こそウラオモテがあると思いますけど？

んで、武器に関してね。都会の武士は茶器《ちゃき》なんかを集めるんでしょうが、田舎《いなか》の武士は鉄砲《てっぽう》や弓《ゆみ》を集めるもんなんすよ。それぞれの国の習慣と思えば不審《ふしん》がるとこじゃねーだろ？ ちっちぇーわー。

あと、道や橋ね。……いやそりゃ作るでしょ⁉ みんなの交通の便《べん》をよくするために！　あらゆる国境に道作ってるけど、怖《こわ》がって騒《さわ》いでるのは、そちらに報告したバカだけだけどな。

とにかく、謀反する気なんてねーし、『それなら上洛してこい』っていうのは、マジで言ってることが赤ちゃん。

秀頼様をほっといて、こっちから戦いをしかけて天下を取っても、悪く言われんのはこっちだ。なので、そんなことはしねーから安心して（勝てるけどね）。

でも、世間は〝白黒〟を知っています。真実をわかってください。

意見を言って了解してもらうため、遠慮《えんりょ》せず書いてみました。　直江兼続」

家康「グぞガラびガァ！！！　ホゲド、ホゲドまがまがぁぁぁ――――！！！！！！！」

え、なんて言った？　ってくらいキレます。

なんと直江さん、ほぼ天下人《てんかびと》の家康に真っ向から反発。

かなりケンカ腰《ごし》＆敬語《けいご》ムシで訳しましたが、自分たちの行動の意味と相手のおかしな部分を

「直江状《なおえじょう》」

と呼ばれるこのお手紙で、全部説明してみせたんです。

もしあなたにこんな長文メール（ホントはもっともっと長い）が届いたらどうします？

どちらにしろ震《ふる》えますよね。送信側なら頼もしくて。受信側ならキレすぎて。

ただ、この「直江状」。原本が残ってないので、後世に作られたニセモノだ！　いやニセモノではないけど修正はされたものだ！　いやホントにあった手紙だ！　という論争がずっと続いてるんです。

しかし、お手紙がどんなものだったのかはさておき、家康が怒ったってのは、どうやらホント。

「直江状」をキッカケに家康は、

家康「上杉は完っ全に謀反を起こす気だ！　秀頼様になりかわり叩《たた》きつぶす!!」

と、**豊臣家のオフィシャルな戦い**として、

『会津征伐《あいづせいばつ》』

と呼ばれる遠征《えんせい》を決定しちゃうのでした。

はい、というわけで大移動です。

家康も、息子の**徳川秀忠**《とくがわひでただ》（のちの江戸幕府第２代将軍）も、徳川の命令に従った、たくさんの大名も、みんなみんないっせいに会津を目指すわけですよ。

すると……

三成「今だ!!　家康に戦いを挑むなら今だ!!」

と、再び立ち上がるんですね三成が。

京・大坂がポッカリ空いたこのタイミングで、家康を倒すための挙兵（兵を集めて戦ってやる！）を決めるんです。

で、すぐさま親友の**大谷吉継**《おおたによしつぐ》（で検索すると、〝白頭巾姿《しろずきんすがた》〟がいっぱい出てくると思いますが、大谷さんは病気で顔がただれていたから、白頭巾に覆《おお》われたビジュアルなんですね）に協力を求め、

三成「共に戦っ……」

大谷吉継「やだ」

すぐさま断《ことわ》られます。

三成「頼む!! 一緒に戦ってくれ!!」

吉継「だから無理だって! あのときとは状況が違う! いいか、お前のその行動で、世の中が大きく乱れちまうんだぞ! それにな、ぜっっっったいに勝てない! 家康は兵多い、戦上手《いくさうま》い、家臣《かしん》優秀、みんなからの人望《じんぼう》ある、お前人望ない!」

三成「スムーズにディスるな!」

吉継「冷静に考えろ。家康の255万石《まんごく》に対して、お前は19万石。レベルが違いすぎる。それに、家康は兵多い戦上手い家臣優秀みんなからの人望ある、お前人望ない!」

三成「それやめろ! わかってるよそんなことはわかってんだよ! それでも! それでもな!! 家康を倒さないことには、豊臣家に未来はねぇーだろ!!」

吉継「……とにかく、オレは反対だ」

考えを一切曲《いっさいま》げない三成と、それに大反対する吉継。そこから約10日後……。

吉継「考えは変わったか」

三成「いいや」

吉継「……五大老の毛利《もうり》さんと宇喜多《うきた》さんを味方につけるのは絶対条件だ。それと、総大将《そうだいしょう》は人望のないお前じゃなく、毛利輝元《もうりてるもと》さんにやってもらうこと。そうすれば、他の大名がこちらに味方してくれる確率は上がる」

三成「……大……谷……?」

吉継「やるからには……勝たないとな」

三成「……ありがとう……」

心の友よ。

ジャイア……三成の決意が固いことを知った吉継は、悩みに悩んだすえ、親友の無謀《むぼう》なチャレンジに協力することを決めたのでした。

ただ、三成が1人で家康を倒すと決め、吉継に相談した……とは書きましたが、最近では、三成、吉継、毛利輝元、宇喜多秀家《ひでいえ》、というメンバーで相談して、家康と戦うことを計画したんじゃないかと言われてます。三成1人の思いつきじゃないってことですね。

さぁ、タッグを組んだ三成と吉継。ここから2人がやるべきことは、「肩を組んだ写真をSNSに投稿」とかではなく

「三奉行《さんぶぎょう》（増田《ました》・長束《なつか》・前田《まえだ》）を仲間にする」

です。

ハッキリ言って、

三成がやろうとしてるのはぶっちぎりの謀反《むほん》。

ただ、〝豊臣ホールディングス本社の社員〟が味方になれば話は別。

豊臣ホールディングス社員＝三奉行が仲間になれば「豊臣政権の中心にいる人間も認めてるよ！」と、この謀反が一気に〝正しい（正当な）行動〟に変わっていくんです。

でも……

お伝えした通り、このときの三奉行は完全に家康にゴロニャーゴ。三成の怪しい動きを知ると、

三奉行『家康さん（or輝元さん）、三成と吉継が謀反起こしそうです！　すぐ大坂にきてください！』

と、家康と毛利輝元にそれぞれ手紙を出し、２人の謀反を止めにかかりやがるんですね（ま、すごくまっとうな行動なんすけど）。

しかし三成は、

三成「三奉行のみなさん！　今はカクカクシカジカです！　だからホニャララホニャラランルルル。シカジカカクカクカツシカク。ホニャリラホニャリラボクノメヲミテパラリラ。というわけで、私に協力してください！」

三奉行「わかりました」

なんとか三奉行の説得《せっとく》に成功。

同じころ、広島から輝元が到着して、**三成にどんどん心強い仲間が増えていく**んです。

（さっき言った通り、輝元は、最初から計画に参加していた、もしくは三成→安国寺《あんこくじ》恵《え》瓊《けい》→輝元というラインですでに計画を知っていたので、三成の味方をするために大坂にきたんですね。
あと、以前は「三奉行は最初から三成の計画に参加してたけど、家康に計画をチクッておけば、三成が負けた場合は家康側につけると考えた」なんて言われてたけど、お届けした通り、最初は何も知らなくて、計画に参加したのは途中から、という可能性が高いそう）
大坂についた輝元は、大坂城から家康派を追い出し、

毛利輝元「秀頼様！　今日からわたしがそばにいますからね！」
豊臣秀頼「まぁ、ゆっくりしてって」

そのまま城に入り、秀頼くんをゲット。

これで三成たちは、晴れて秀頼くんのオフィシャルサポーターに就任。〝豊臣家の公式な立場を手に入れる〟という、最大のミッションをクリアします。

さらに。

三成たちは、もっともっと多くの仲間を募《つの》るため、三奉行、輝元、宇喜多秀家《ひでいえ》の名前で、

「内府《だいふ》ちかひの条々《じょうじょう》」

という弾劾状《だんがいじょう》（＝「違法《いほう》だ！」「ルール違反《いはん》だ！」ってことを書いて、責任を追及《ついきゅう》する書状だね）を作成。

「内府」ってのは内大臣《ないだいじん》のことで、家康の〝公務員ネーム〟みたいなもんです。で、「ちかひ」は「違うぞ！」ってこと。

なので、「内府ちかひの条々」は、

「おい家康、お前間違ってんぞ！」

という内容を、箇条書きにまとめたお手紙ってことでございます。

三成たちは、家康がやった「それ違うだろ！」のラインナップ

……三成を追っ払ったこと！

前田家をイジメたこと！

上杉悪くないのに討とうとしてること！

ルールを破《やぶ》って婚姻《こんいん》をやったこと！……

などなどを、13条にわたって書き連ね、

「秀吉様に誓《ちか》ったことを少しも守らねーのに何が政治だ!!　オレたちは家康を倒す!!　みんなも秀頼様のため、一緒《いっしょ》に戦おう!!」

って言葉を添《そ》えたこの手紙を、全国の大名にドワァ――――！　っと配ったんですね。

すると、

大名たち「たしかに家康はおかしい‼　今こそ秀吉様の恩《おん》に報《むく》いるときだ‼」

と、全国から、豊臣恩顧《おんこ》の大名（豊臣に恩がある大名）が、続々と大坂に集結《しゅうけつ》したんです。

そして、「打倒《だとう》徳川家康」に燃えた軍団はついに、

宇喜多秀家「かかれぇ――――‼」

家康の関西の拠点・伏見城《ふしみじょう》を攻撃したのでした。

三成たちが豊臣オフィシャルを獲得《かくとく》したことにより、『会津征伐』は**「家康が始めた、マジで勝手な戦い（私戦）」**となりました。

立場が逆転してしまった家康と三成。

徳川さんの危険信号は、点滅《てんめつ》どころか点灯《てんとう》しっぱなしの状態……。

冗談抜《じょうだんぬ》きに、**家康、『関ヶ原の戦い』で負けるかも**しれません。

パート4

出かけてもピンチ、出かけなくてもピンチ、これなーんだ？

おさらいですよ、【関ヶ原《せきがはら》の戦《たたか》い】パート3までの。
今回はパート4ね。

豊臣家《とよとみけ》の中で、家康《いえやす》無敵《むてき》モード。
←
上杉《うえすぎ》さんに「謀反《むほん》する気？」と聞いたら「直江状《なおえじょう》」返ってきてバチギレ。
←
「上杉と戦うぞ！」ってなったら三成《みつなり》が「家康と戦うぞ！」ってなる。
←

輝元《てるもと》や三奉行《さんぶぎょう》も三成について「内府《だいふ》ちかひの条々《じょうじょう》」を配布《はいふ》。

一方、家康のとこにも……

←

家康「三成と大谷吉継《おおたによしつぐ》が挙兵《きょへい》したってか！」

三成挙兵の知らせが入ってきます（「内府ちかひの条々」のことはまだ知りません）。

すると家康、

「会津に向かってるみなさーん！　いったん小山《おやま》に集合してくださーい！」

と、大名たちを小山（栃木県《とちぎけん》小山市）に集め、会議を開くんですね。

家康「お集まりいただきあざす。三成が挙兵しました。みなさん、大坂にいる妻子が心配だと思いますが、家康と三成……」

大名たち「……」

家康「どっちにつきますか!!（元気ですか!!）」

福島正則《ふくしままさのり》「家康さん！」

家康「ありがとう!!（ありがとう!!）」

山内一豊《やまうちかずとよ》「ここから東へ向かうときは、オレの掛川城《かけがわじょう》を自由に使ってください！」

家康「ジャシ!!」

ということで、その場にいた豊臣系武将《ぶしょう》は、ほぼ全員家康の味方《みかた》をしてくれることになります。

これが、関ヶ原関連のドラマや映画では必ず描かれる、

小山評定《おやまひょうじょう》

と呼ばれる名場面。を、ぺぺぺと雑《ざつ》に書いたものです。

ただ、こちらは有力な史料《しりょう》がないので、会議があったかどうかさえ、よくわかってません。

ですから、ここで行われた有名なやり取りはフィクションの可能性が高く、「こんな会議自体なかった！」って説と「たしかに中身はナゾだね！　でも会議はあったはず！」って説がいまだにバトってます。

しかし、ま、細かい話は抜き。ここでお伝えしたいのは、近くにいた豊臣系武将《ぶしょう》のみなさんが家康の味方になったってこと。

これでやっと、

徳川家康《とくがわいえやす》（総大将）率いる「東軍《とうぐん》」

毛利輝元《もうりてるもと》（総大将）率いる「西軍《せいぐん》」
というチームの完成です。
そして、いよいよ両軍の中心人物、

東軍・徳川家康VS.西軍・石田三成

の火花を散らす対戦も、間近に迫《せま》ってきたんですね。

さて、三成を倒《たお》すと決めた東軍はクルッと反転、いざゴーウエスト。
ここで家康は、息子の秀忠《ひでただ》に指示を出します。

家康「秀忠！　パパは東海道《とうかいどう》を通って西に向かうよ！　お前は中山道《なかせんどう》を通って、信州《しんしゅう》あたりの西軍をとっちめてこい！　そのあと合流だ！」
秀忠「しゃす！」

徳川軍は、秀忠の部隊３万８０００と、家康の本隊３万にわかれ、それぞれ別のルートで西を目指すんですね。
このときの秀忠隊の兵数《へいすう》は、家康本隊を上回っております。が、勝っているのは数だけじゃありません。

徳川家の〝すごめな家臣《かしん》たち〟のほとんどが、秀忠隊の方にいるんです。

なので、**「本隊は家康の方だけど、主力《しゅりょく》は秀忠の方だった」**というのを頭の片隅《かたすみ》に置いといてください（いえ、できれば頭のど真ん中に突《つ》き刺《さ》しといてください）。


一方、本隊を率《ひき》いた家康は、さっそく東海道を……進みません。

ホームの江戸城に入って、そこからまっ…………………たく動かないんです。

いや、「動かなかった」というより、「動けなかった」の方があたってるでしょう。

主な理由は3つです。

1．上杉&常陸国《ひたちのくに》（茨城県《いばらきけん》）の佐竹《さたけ》が攻めてきたらヤバい。
家康が江戸から出ていっちゃえば、上杉と、上杉に味方《みかた》しているであろう佐竹（大名《だいみょう》）が、関東《かんとう》に押し寄せてくるかもしれない。

とするとカンタンには動けません。

だから、お城を修築《しゅうちく》したりして、上杉たちの攻撃《こうげき》に備《そな》えていたんです。

2. お手紙を書いていた。

家康は、東軍の武将《ぶしょう》に向けて、

「今回の戦いに勝ったら領地《りょうち》あげるからがんばって！」「西軍の〇〇がこっちに寝返《ねがえ》るよう、うまいことやって！」

などなど、領地を増やす約束や、さらなる味方を増やすための指示を書きまくってたんです。

『関ヶ原の戦い』前後の7、8、9月で出した手紙の合計は、なんと170通以上。

腱鞘炎《けんしょうえん》確定です（右筆《ゆうひつ》＝書記が書いたかもですが……）。

3. 東軍の豊臣系武将が信用できない。

一番の理由はこれかも。

豊臣系武将が西に向かったあと、家康はある手紙の存在に驚愕《きょうがく》します。

それが、

「内府ちかひの条々」です。

「サイッッアクだ!! 完全にこちらの豊臣オフィシャルをはがされた!! それどころか、豊臣家に反逆《はんぎゃく》した極悪人《ごくあくにん》にされてる！ しかも、秀頼様が西軍の手に渡ったとなれば、福島《ふくしま》たち豊臣系大名がいつ寝返ってもおかしくない！ 最悪だ!!」

豊臣系武将は、家康が秀頼くんの名のもとに動いていたから味方になってくれたんです。それなのにこうなったら、彼らが仲間でいてくれる保証はどこにもありません。アイツらと行動をともにするのは危険すぎる。これでは江戸を離れることなんてできない……。

『2.』のお手紙作戦で領地UPをチラつかせたのには「頼む！　このまま味方でいてくれよ！」という意味もこめられてたんですね。

以上の理由から、江戸城にひきこもった家康。

東に上杉&佐竹、西に三成&毛利、さらには東軍メンバーに裏切《うらぎ》られる危険……。

世間ではこのような状況のことを、

〝絶体絶命《ぜったいぜつめい》の大ピンチ〟

と呼んでおります。

しかし、先にお出かけした東軍メンバーは、家康のそんな事情をまったく知りません。

彼らからすれば、

「家康さんは何で動かねーんだ……!?」

という疑問でいっぱいなんです。
それはやがて疑惑《ぎわく》へと移り変わり、家康への不満として表に出てくるんですね。

福島正則「オレの城（清洲城《きよすじょう》）にみんな集合して何日が経つ⁉　家康さんはオレたちを捨《す》て石《いし》にしようとしてんじゃねーのか‼」

福島正則が吠えれば、家康の次女を奥さんに持つ池田輝政《いけだてるまさ》が、

池田輝政「おい‼　失礼なこと言うな‼　義理パパには考えがあるんだよ！」

と、家康の肩を持ち、「あ？」「お？」と真《ま》っ向《こう》からのニラみあい。

井伊直政《いいなおまさ》「まぁまぁまぁ、お2人とも！」
本多忠勝《ほんだただかつ》「お2人とも、まぁまぁまぁ！」

家康の家臣《かしん》、井伊直政と本多忠勝がなんとか止めに入ったものの、険悪《けんあく》な空気に包まれた東軍メンバーは崩壊寸前《ほうかいすんぜん》です（井伊さん、本多さんは、**徳川四天王《してんのう》**ってやつの

うちの2人)。

出かけてもピンチ。出かけなくてもピンチ。これなーんだ？　という、なぞなぞみたいな特大ピンチの到来《とうらい》でございます。

直政「殿ぉ――!!　一刻《いっこく》も早く出陣《しゅつじん》してください!!」

忠勝「でなけりゃ豊臣系の大名たちは、仲間割れを起こすか、東軍を離れていきます!!」

直政と忠勝から届く悲痛《ひつう》な叫び。現場にいる彼らからすれば、たまったもんじゃありません。

報告を受けた家康は、
家康「こうなったら……いっちょやってみっか……」

清洲城に使者《ししゃ》を送り、1つの〝賭《か》け〟に出ることにするんです。

使者「あ、ども。使者です」

福島「あ、ども、じゃねーよ。おい、家康さんはなぜ出陣しねーんだ？（怒）」
使者「それはっすね……おのおの手出《てだ》しなく候《そうろう》ゆえ御出馬《ごしゅつば》なく候、手出しさへあらば急速《きゅうそく》御出馬にて候はん」
福島「!!」
直政・忠勝「（な、なにを言ってんだキミは！！！）」

使者が伝えたのは……

家康「いや、あんたらが何もしねーから出陣しないのよ（なんで戦わねーの？）。そちらさんがやる気出してくれたら、こっちもソッコーで出陣しますけどね」

という、家康からの完全なる挑発《ちょうはつ》です。

福島「おい」
直政・忠勝「（マ……）」
福島「（使者に近づき）」
直政・忠勝「（マズい！！！）」

福島「…………ごもっともだな。よっしゃ!! すぐにでも出陣して三成側の軍勢をぶっ倒《たお》し、家康さんに勝利の報告をしてやろうじゃねぇーか!!!」

東軍の豊臣系「やってやらぁぁぁぁぁぁ!!!!」

井伊「……すごくいい風に」

本多「転んだ……」

家康のせいで怒《おこ》ってる福島たちに、「いやそっちのせいじゃん」だなんて、こんなに美しい逆ギレはありません。

ただ……

自分が動けないことを相手のせいにしちゃうという、原因すり替《か》えテクニック。

なおかつ、豊臣系武将を味方として動かすためのワードセンス。

さらには、結果的に出陣《しゅつじん》までさせたマインドコントロール術……メンタリストIeyaSuです。

さあこっから、家康にビュンビュンと追い風が吹き始めます。

歴史的逆ギレでやる気に火がついた豊臣系東軍メンバーの進撃《しんげき》が、

ハンパじゃない。

美濃《みの》（岐阜県《ぎふけん》）に入って西軍メンバーと戦うんですが、さすが戦闘タイプというだけあって、強ぇーのなんの。

またたくまに、西軍にとって大切な城、岐阜城《ぎふじょう》を落としてしまうんです（岐阜城をまもっていたのは織田秀信《おだひでのぶ》。あの三法師《さんぼうし》ちゃん）。

追い風の風速がとんでもありません。福島たちが完全に味方となり、岐阜城を一瞬《いっしゅん》で落とすというこの強さ。

家康にとっちゃ完全に「キタコレ!!」的な状況。もう嬉しくて嬉しくて……うれ……

でも待てよ……。

家康「強いのはいいけど、強すぎる……ね。このままいけば、オレと秀忠抜きで西軍を倒してしまうってことも……ダメダメダメダメダメ!!」

風、強すぎた。

徳川ナシの勝利なんて、何の意味もありません。我《わ》が子の運動会を微笑《ほほえ》ましく眺《なが》めてる保護者じゃないんですから。

あせった家康は「オレと秀忠が到着《とうちゃく》するまで待ってて！」と、東軍のみんなにクギをさし、ついに江戸城を飛び出したのでした。

小田原《おだわら》、三島《みしま》、岡崎《おかざき》、清洲《きよす》。東海道を西に向けて進む家康。

進軍の大きな音とともに、一大決戦《いちだいけっせん》に向けてのカウントダウンが始まります。


——とうとうこの時がきましたね、父上。

——秀忠、天下を揺《ゆ》るがすこたびの戦《いくさ》。初陣《ういじん》とて後《おく》れをとることは許《ゆる》されぬぞ。

——ご安心ください。この秀忠、必ずや三成の首をあげてご覧《らん》にいれます。

——フッ……こやつめ、言うようになったわい。で、秀忠……


お前いまどこいんの？

秀忠が来ません。
妄想《もうそう》したくなるほど息子が姿を現さない。
家康はもう愛知《あいち》。岐阜はすぐそこ。え、マジでなにやってんの……秀忠はいったい
……

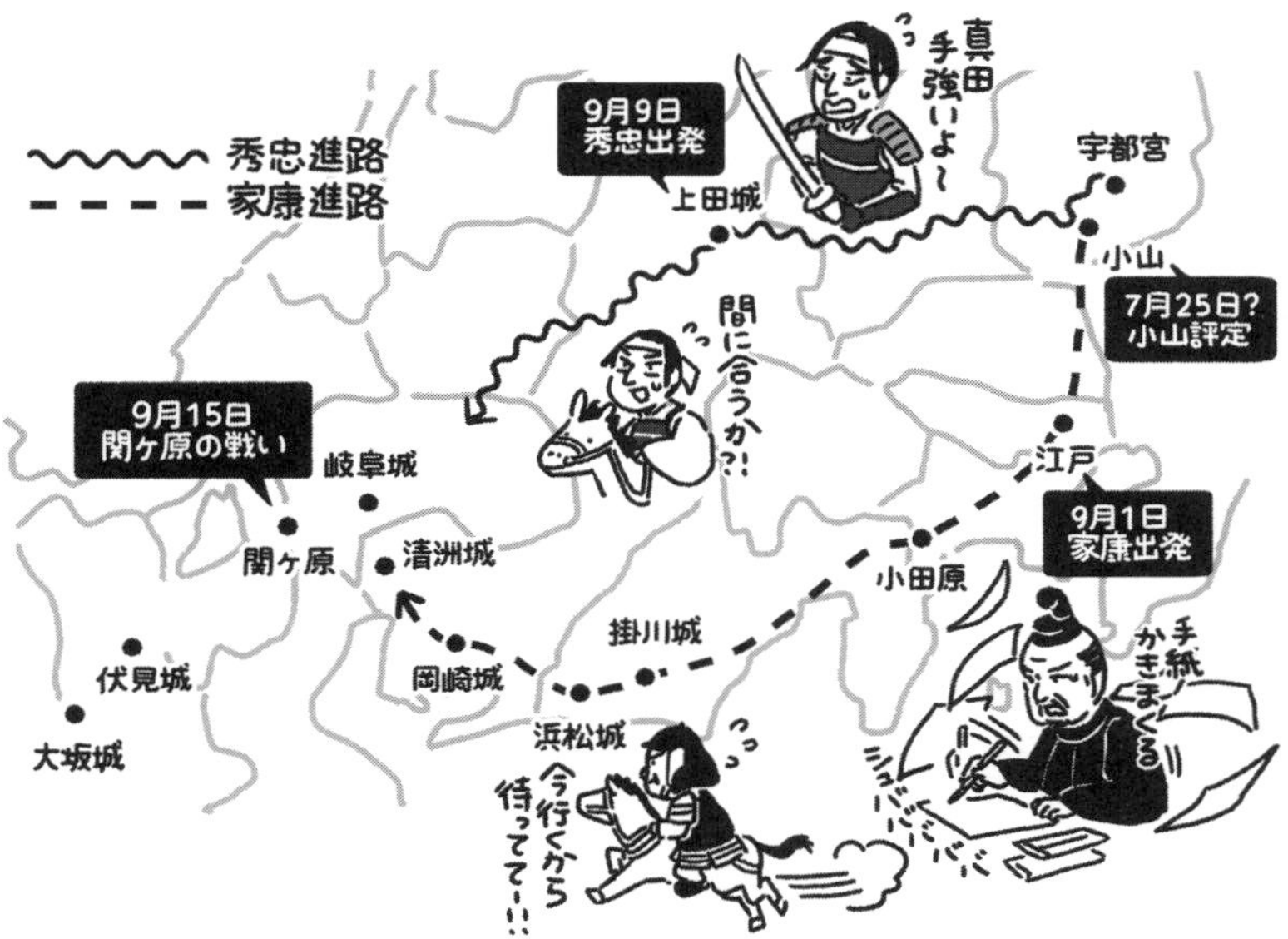

秀忠「いそげぇぇぇ――――！！！」

向かってはいたみたい。

実は秀忠、現代でも知名度高めな**真田《さなだ》昌《まさ》幸《ゆき》・信繁《のぶしげ》（幸村《ゆきむら》）親子のこもる上田城《うえだじょう》（長《なが》野《の》県《けん》）**を落とそうとして……たかだか2000〜3000の真田軍に手こずりまくり。信濃で思いっきりストップをくらってたんです。

でもね、家康が江戸城《えどじょう》出発を決めたとき、「美濃《みの》に向かえ！」という手紙を出してはいたんです、秀忠に向けて。

が、その手紙を持った使者が、大雨による川の増水《ぞうすい》で秀忠のもとになかなかたどりつけないというアンラッキーっぷり。

結局、かなりの遅延《ちえん》で手紙は届き……

秀忠「(プルプル……プルプル……)

榊原康政(徳川四天王)「ワナワナされてますが家康様はなんと⁉」

秀忠「プルプルだよ。……み、美濃に……向かえと……」

本多正信(家臣)「みぃのぉに⁉」

秀忠「そぉ! 美濃にだ‼」

正信「い、家康様はいつ江戸をお発ちに⁉」

秀忠「9月1日だ‼ 今は⁉」

康政「く、9月9日です‼」

正信「詰んだ……あちらはもうかなり美濃に近いはず……それをこっちは今から出発……」

康政「ここから美濃までの狭《せま》く険《けわ》しい山道を、3万8000の兵が移動するとなれば……到着《とうちゃく》までいったい何日かかるか‼」

秀忠「お、落ち着け‼ いや落ち着くな‼ いそげぇぇぇ――――!!!」

という感じで、絶賛大遅刻中だったのでした。

ただ、テンパってるのは家康も同じこと。

家康「どぉする！！？　秀忠待つ⁉　待たない⁉」
井伊直政「機《き》は熟《じゅく》しております！　即時《そくじ》開戦《かいせん》なさるべきです！　決戦の日をダラダラと引き延《の》ばせば、東軍メンバーのモチベーションは下がっていく一方！　それに加え、毛利輝元が大坂城から秀頼様を引っ張り出してくれれば、東軍の豊臣系武将は戦闘《せんとう》を止《や》めるでしょう！　そのまま西軍に寝返《ねがえ》ることも十分考えられます！」
本多忠勝「いえ！　秀忠様のご到着を待つべきです！　徳川の主力部隊《しゅりょくぶたい》なしで戦えば、豊臣系武将に頼らざるをえない。それではたとえ戦に勝ったとしても、徳川の勝ちとはなりません！　彼らの活躍は、のちの勢力拡大につながります！　そうなれば、また新たな敵を生み出すやもしれません！」
家康「どっちの意見もわかる！　よし、決めた‼」

またもや大ピンチをむかえた家康。はたして、家康がくだした決断とは。

次回、

「秀忠なしで戦うことにしました！」

で、お楽しみください。

パート5

人生を決めたのは、たった数時間の出来事

【関ヶ原《せきがはら》の戦《たたか》い】最後のパート。

じゃ、おさらいです。

三成《みつなり》の挙兵《きょへい》を知って、Uターンする家康《いえやす》たち。

↓

東軍《とうぐん》VS.西軍《せいぐん》、ですね。

↓

でも、豊臣系大名《とよとみけいだいみょう》を信用できない家康は江戸城《えどじょう》にひきこもり。

↓

福島たちは「なんで動かねーんだ!」とゲキギレ。

↓

しかし、家康の挑発《ちょうはつ》で、西軍に連勝する快進撃《かいしんげき》。

「いい感じだ！」と思ってたら、秀忠《ひでただ》が来ない……

←

家康「もういい‼　来ねぇーもんは来ねぇーわ‼　これ以上待って秀頼くん出てきたらえらいことになるし、美濃《みの》に入って西軍と戦う！」

家康パパは、秀忠を待たず、決戦《けっせん》の地に向かうことを決めます。

うすうすお気づきでしょうが、秀忠は『関ヶ原の戦い』に**間に合ってません。**

徳川の運命を決める大事な大事な戦いに、息子が、主力部隊が、参加できてないんです。

ちなみに、戦いが終わった数日後、秀忠が家康に謝《あやま》ろうとすると……

家康家臣「ご気分が優《すぐ》れないとのことで……お会いになるのは難しいかと……」

秀忠「……キレてんじゃん」

面会拒絶《めんかいきょぜつ》。

時間を守れないような悪い子は、パパもう知りません状態です。

現代でも、秀忠といえば「関ヶ原遅刻ムスコ」の印象がメチャ強。だから、どこかちょっとポンコツなイメージがあるというか……。将軍としての知名度も、父・家康、息子・家光《いえみつ》（3代目）に負けてる感があります。

でも、最近じゃ、秀忠さんの評価は爆上《ばくあ》がりなんですね。

実は、徳川幕府が260年以上続く長期政権《ちょうきせいけん》になったのはこの人のおかげだと。幕府《ばくふ》を盤石《ばんじゃく》にしたのは秀忠の功績《こうせき》が大きい。という感じで。

だからホントはすごい人なんです。なんですが、その話はまた別の機会に。

それでは、ガバッ！　とはしょりまして、ストーリーの続きを、この日付から再開してみましょう。

慶長《けいちょう》5年9月15日（1600年10月21日）。
美濃国《みののくに》関ヶ原。
この地を決戦の場と定めた、
東軍7万4000VS.西軍8万以上
のスタンバイが完了し、『関ヶ原の戦い』が始まります（兵の数はとても諸説ありです）。

では、参加した大名や武将《ぶしょう》をズワーッと記しときます。あまりにも参加者が多いので全員は書けませんが、その一部。

東軍：徳川家康《とくがわいえやす》、福島正則《ふくしままさのり》、藤堂高虎《とうどうたかとら》、松平忠吉《まつだいらただよし》、井伊直政《いいなおまさ》、黒田長政《くろだながまさ》、細川忠興《ほそかわただおき》、加藤嘉明《かとうよしあき》、本多忠勝《ほんだただかつ》、池田輝政《いけだてるまさ》、浅野幸長《あさのよしなが》、山内一豊《やまうちかずとよ》、などなど。

西軍：石田三成《いしだみつなり》、島左近《しまさこん》、島津義弘《しまづよしひろ》、小西行長《こにしゆきなが》、宇喜多秀家《うきたひでいえ》、大谷吉継《おおたによしつぐ》、小早川秀《こばやかわひで》秋《あき》、毛利秀元《もうりひでもと》、吉川広家《きっかわひろいえ》、長束正家《なつかまさいえ》、安国寺恵瓊《あんこくじえけい》、長宗我部盛親《ちょうそかべもりちか》、などなど。

あれ、あの有名な武将はいなかったの？　と思われた人もいるかもしれませんが、ここにあげたのは、あくまで関ヶ原にいた人たち。この期間は日本の北や南でも、東軍VS.西軍の戦いが繰《く》り広げられていたんですね（伊達政宗《だてまさむね》や上杉景勝《うえすぎかげかつ》は東北《とうほく》、加藤清《かとうきよ》正《まさ》や黒田官兵衛《くろだかんべえ》は九州《きゅうしゅう》とかね）。

それでも、そうそうたるメンバーが関ヶ原に集まりました。

深くたち込めた霧のせいで、なかなか動けなかった両軍。でも、まー、いつまでもじっとしてたってしょうがないかーって、動きます。

戦闘開始。

東軍「ワアアアアア――――――!!!!!」

西軍「ウオオオォォ――――――――!!!!!」

福島正則が、西軍で一番デカい宇喜多秀家隊を攻撃すれば、
藤堂高虎たちは、大谷吉継の隊に攻めかかり、
東軍の多くの部隊が、石田三成隊に突撃《とつげき》します。
剣《けん》と槍《やり》が入り乱れ、あらゆる場所で飛び交う銃弾《じゅうだん》。凶器《きょうき》の乱舞《らんぶ》に怒号《どごう》やいななきがないまぜになったここは、
まさしく戦場。

三成「かかってこい東軍。この三成が相手してやる……フッフッフ……だがその前にな! うちの猛将、島左近《しまさこん》を倒してみろ! 話はそこからだ!」

三成の言う島左近とは、

「治部少《じぶしょう》に過《す》ぎたるものが二つあり島《しま》の左近《さこん》と佐和山《さわやま》の城《しろ》」

なんて言われる三成の重臣《じゅうしん》。

(治部少は三成のことです。「島左近と佐和山城、ありゃ三成にはもったいねぇよ」

って意味ですね)

前日に起こった『杭瀬川《くいせがわ》の戦《たたか》い』(『関ヶ原の戦い』の前哨戦《ぜんしょうせん》と言われる)でも、見事な戦術《せんじゅつ》で勝利を飾《かざ》り、西軍全体のモチベーションを上げた、三成自慢《じまん》の勇将《ゆうしょう》です。

バ――――ン!

島左近が撃《う》たれます。

三成「島左近が撃たれますぅ!!?」

黒田隊の鉄砲にやられた左近が、戦線離脱《せんせんりだつ》。これで前方が崩《くず》れた三成隊のもとに、黒田長政、細川忠興、加藤嘉明の隊がドッと押し寄せます。

見渡《みわた》す限《かぎ》り全方位《ぜんほうい》で、大混戦《だいこんせん》、大乱戦《だいらんせん》の関ヶ原。

三成「勝負はここからだ! のろし(ケムリモクモク)を合図《あいず》に、南宮山《なんぐうさん》の毛利隊、松尾山《まつおやま》の小早川隊が動き出す手はずとなっている! 大軍を擁《よう》した毛利と小早川が動けば、われらの勝利は間違いない!」

三成のおっしゃる通り。

毛利隊と小早川隊の兵の数は、西軍の中で2番目、3番目に多いんです。ここが動き出せば、東軍はひとたまりもありません。正直、西軍が勝つでしょう。

ただ、「動けば」ね。

三成「よし！　のろしを上げろ!!」

モクモク……モクモク……

三成「……」

モクモクモクモクモクモク……

三成「……モクモクうるせーな！　なんだこのただ煙《けむり》を見つめる時間は!!　なんだ？　どうした!?　なぜ毛利も小早川も動かない!!」

結論から言うと、〝**もう話はついてる**〟ってことなんですね。

この戦いの起こる少し前、家康さんが江戸城にこもっていたのを覚えておいででしようか。そこでせっせと、お手紙をしたためていたのを。

あのときの細かな指示《しじ》や交渉《こうしょう》が、ここできいてくるんです。

家康の指示を受けた東軍メンバーの黒田長政《くろだながまさ》なんかが、すでに毛利や小早川と話をつけていて、あちらからこんな約束をもらってるんです。

「戦いが始まったら、東軍に協力しますね」

戦いが始まる前に、戦いは終わっていた……のかもしれません。

三成の言う南宮山《なんぐうさん》の毛利隊というのは、大坂城を守ってる毛利輝元の代わりにやってきた毛利の軍勢。
輝元のいとこで養子《ようし》・毛利秀元《もうりひでもと》
と、
輝元のいとこ・吉川広家《きっかわひろいえ》
のことです。
東軍とナイショ話をしていたのは、吉川広家の方。広家は、
「戦いが始まっても軍勢《ぐんぜい》を動かしません。その代わり東軍が勝ったら、毛利家の領地を減らさず、そのままにしておいてください」
なんて約束を、東軍メンバーと交わしていたのでした。

しかし毛利秀元は、広家がそんな約束をむすんでるなんて知るよしもありません。

毛利秀元「おい広家！　なんで動かない！　とっくにのろしは上がってんだぞ！」

吉川広家「いや、なんかさ、霧《きり》がうーっすらとさ……残ってんじゃん」

秀元「あー、そう言われてみれば……ってすなおに言う、いいとこだと思うなよ！　このいいとこが！」

広家「でもホント無理なのよー、これから兵士たちのお弁当の時間だから」

秀元「お、べ、……今!?　このタイミングで!?　兵士も『今ですか？』って言うぞそれ!!　早く行け！　先陣《せんじん》のお前が動かなきゃ、誰も動けないんだよ！」

広家のせいで、まわりにいた安国寺恵瓊、長束正家、長宗我部盛親も動けません。

長宗我部盛親「毛利さーん！　出陣《しゅつじん》しないんですかー!?」

秀元「あ、いや……その……今、兵士にお弁当食べさせてるんです！」

長宗我部「おべ……兵士も『今？』って言ってねーかそれ!?」

お弁当に時間を奪《うば》われて、毛利動かず（「宰相殿《さいしょうどの》の空弁当《からべんとう》」っていう有名な逸話《いつわ》なんです)。

これで、安国寺、長束、長宗我部の部隊が動けず、どえらい数の兵士が戦いに不参加ということになります。

これで頼《たの》みの綱《つな》は、松尾山にいる小早川隊のみ。

彼らが動いてくれなきゃ、西軍は１００％負けます。

と、その時……。

三成家臣「み、三成様！　こ、小早川隊が、ま、ま、ま、松尾山をくだってます!!」

三成「ほ、ホントか!!　きたぁ！！！！」

三成家臣「山をくだり、大谷吉継さんを攻撃してます！！！！」

三成「はい、終わったー」

裏切られました。

松尾山の小早川隊を指揮《しき》するのは、豊臣秀吉の奥さん（ねね）のおいっ子。このときまだ19歳という若さの

小早川秀秋《こばやかわひであき》

です。

実は秀秋くん、戦いの前から「アイツなんか怪《あや》しいんだよなー……」と、西軍メンバーから疑いの目を向けられていたんですね。

そしたらやっぱり裏切《うらぎ》ったんですから、ある意味、期待は裏切ってません。

ただ、ここですごいのが大谷吉継です。

8000とも1万以上とも言われる小早川隊に、わずか600の兵で対抗し、山を下りてきた彼らを2度3度山へ押し戻すという、鬼神《きじん》のような活躍を見せていたんです。

孤軍奮闘《こぐんふんとう》する吉継。誰かがフォローに入ってくれれば、あるいは……だったのかもしれませんが、小早川隊の裏切りをキッカケに、その連鎖《れんさ》が止まらない。

脇坂《わきさか》、朽木《くつき》、小川《おがわ》、赤座《あかざ》という、こちらも寝返りの約束を交わしていた武将たちが、吉継めがけて、一斉に襲いかかってきたんです。

これにはさすがの吉継もキャパオーバー。悔しさをにじませながら力尽き、その場で自刃《じじん》したのでした。

家康「よーし、今だ！　かかれぇぇぇぇぇぇぇ!!」

小早川の寝返りで一気に崩《くず》れ始めた西軍。家康はこのチャンスを逃すまいと徳川本隊を動かし、一気に総攻撃をしかけます。

小西隊、宇喜多隊が次々とぶっ潰《つぶ》れ、そしてついに、

三成家臣「三成様！　もうこれ以上は無理です！　どうかお逃げくださいっ!!」

三成「……く……これまでか！！！」

石田隊も壊滅《かいめつ》し、三成は戦場を離れていきます。

多くの武将が「今度の戦は長引く」と予想した天下分け目《てんかわめ》の大決戦《だいけっせん》。

ですが、**『関ヶ原の戦い』は、なんとたったの6時間ほどで決着がつき、東軍の大勝利によってその幕《まく》を閉じたのでした。**

……と、

『関ヶ原の戦い』の当日の様子をお伝えしてきたんですが、ホントにホントに、よくわかってません。

毛利さんや小早川さんが寝返ったとかは、お手紙のやり取りやその後の状況なんかで確定していることだと思うんですが、その場でのやり取り、そのほかのいろんな武将の動きは、**マジで謎《なぞ》です。**

ここで紹介した流れや、有名なエピソードのほとんどが、『関ヶ原の戦い』から50〜100年たったあとに出てきたものばかりなんですね。

ですので、今のところわかってる当日の流れは、

「戦いが始まってすぐ、小早川秀秋が裏切りをかました。で、西軍は敗走した」

これだけです。

今までは小早川さんがどっちにつくか迷っていて……という描かれ方をされてきた関ヶ原ですが、ソッコーで裏切ったっぽい（その可能性が高いって言われてます）。だから決着のついた時間ももっと早くて、2時間以内かも……なんて言われてるんです。

過去って、変わっていくもんなんですね。

さて、長いこと『関ヶ原の戦い』に付き合っていただきましたが、いかがだったでしょうか。

すべてを網羅《もうら》したわけじゃありませんが、それでも学べるポイントの多いこと。

そんな中、もし1つだけにしぼるとするなら

「正義の目的化ってどうなの？」

ってとこかなと思います。

今回の戦いで、三成は「家康は間違ってる！　豊臣家のために味方になってください！」と、仲間を募《つの》りました。

一方、家康は、「仲間になってよー。領地あげるからさー」と言って仲間を集めてます。

一見「清潔《せいけつ》な三成、腹黒《はらぐろ》い家康」みたいな印象を受けるかもしれませんが、相手のことを考えたのはどっち？　となると家康の方ですよね。

三成さんの場合、みんなに協力してほしいとは言うものの「豊臣家のため、正義のために集合するのは当然だ」という感情が根本にあったでしょうから、特に相手のメリットを考えてたわけじゃありません。

それに対し、家康さんは、考えも意見もバラバラの即席《そくせき》チームをまとめるためにプレゼントを用意してます。いつ裏切るかわからない豊臣系大名をつなぎ止めておくためには、領地という具体的な報酬《ほうしゅう》が必要だと考えたんですね。ま、戦が終わったあと、手紙に書いたとおりの領地《りょうち》がプレゼントされたかというと、全然そんなことはないんですが……。

しかし、結果は、ご覧《らん》いただいた通りです。

正義を掲《かか》げ、誰かを否定することのみを目的としたチーム作りは、たぶんうまくい

きません。なぜなら「正義」や「正しいこと」というのは、人によってバラバラだから。

誰もが自分なりの正義を持ってるからこそ、それをわかった上でのコミュニケーションが重要なんじゃないでしょうか。

三成に正義があったように、家康にも家康の正義があります。しかし家康は「自分にも相手にもそれぞれの正義がある」ということを前提の上で、次の段階の話し合いをしてるんですね。

相手の正義を探ろうとせず、**ひとりよがりの正義を押し通そうとすれば、最後に待ってるのは破綻《はたん》です。**

以前、知人が

「〝義《ぎ》〟は存在するけど、〝正義〟はないと思う」

と言っていて、「たしかに！」と深く納得《なっとく》したことがあります。

誰もが自分の思う「正しさ」を持っているのは当然。ですが、ホントに正しいかどうかは時代や場面によって変化します。逆に、たとえ世間的に批判される〝義〟であったとしても、それが間違ってると立証《りっしょう》することなんて、これまたできないはずですよね。

なので、自分と違う意見や生き方を頭ごなしに否定する。これだけは避《さ》けなきゃいけないことだと思います（個人的な意見でございました）。


最後に。

『関ヶ原の戦い』が終わったあと、石田三成、小西行長、安国寺恵瓊の3人は、西軍の首謀者《しゅぼうしゃ》として首を斬《き》られることになります。

ホントにあったエピソードかどうかは大きく無視して……

三成が首を斬られる直前のことです。

のどがかわいた三成は、警護《けいご》の人間に白湯《さゆ》をくれとお願いします。

警護の者は「白湯はない。柿《かき》ならあるからそれを食え」と言いますが、三成は「柿は痰《たん》の毒になる（お腹に悪い）」と言って断ります。

「これから首を斬られる者が毒《どく》を気にして何になる」

警護の者は笑います。が、三成は、

「大義《たいぎ》を抱く者は、首を斬られる瞬間《しゅんかん》まで命を惜《お》しむものだ。それほど望《のぞ》みを叶《かな》えたいと願っているから」

と、言ったそうです。

三成は『関ヶ原の戦い』で負けました。しかし、彼の思いを否定することは、誰にもできません。

大坂の陣

ラストもラスト、**戦国最後の大合戦《だいかっせん》が『大坂冬《おおさかふゆ》の陣《じん》』『大坂夏《なつ》の陣《じん》』、合わせて『大坂の陣』**です。

江戸幕府《えどばくふ》を開いた徳川《とくがわ》さんと、それでもまだ存在感を発揮《はっき》する豊臣《とよとみ》さんが、ガチコンとぶつかったのがこの戦《たたか》い。

時代区分で見たとき、この戦いが行われたのはバッチリ江戸時代。〝戦国時代の戦い〟に入るのかと言われたら、正直、んー………。

しかし、戦国時代からずーっと続いた争いが、『大坂の陣』を最後になくなった、という観点から

「戦国ラストバトルと言っていいだろ！」

という意見があるのも確かなんですね。

『関ヶ原《せきがはら》の戦《たたか》い』に勝利した家康さんは、自分に協力してくれた大名《だいみょう》（東軍《とうぐん》）の領地《りょうち》を増やし、歯向かった大名（西軍《せいぐん》）の領地を減らしていきます。

で、征夷大将軍《せいいたいしょうぐん》になって江戸に幕府を開き、天《てん》下《か》取《と》りにチェックメイト。

んが、

淀殿《よどどの》（秀頼《ひでより》の母親）「家康《いえやす》や徳川の人間が政治をやってるのも、秀頼が大きくなるまでのことよね？　秀頼が成人したら政権返《せいけんかえ》してくれるんでしょ？」

と思ってる（であろう）豊臣さんと、

家康「まだ豊臣を慕《した》ってる大名は多いから、油断《ゆだん》できないんだよなぁ……。素直に徳川に従《したが》ってくれたら共存《きょうぞん》していけるけど、無理なようなら……」

と考えてる（であろう）徳川さんとの間には、常《つね》にビミョウな空気が流れ、両者の危うい関係がしばらく続いていました。

そんなある日。

徳川と豊臣の仲を決定的に切り裂《さ》く**「方広寺鐘銘事件《ほうこうじしょうめいじけん》」**が起こります。

豊臣家が建て直していた「方広寺」というお寺の鐘《かね》に

「国家安康　君臣豊楽」

の文字が見つかり、これが大問題へと発展するんです。

徳川サイド「『国家安康　君臣豊楽』とは、どぉーいうことだ豊臣さんよ!!　えぇぇ!!」

豊臣サイド「どういうことも何も『国家が平和で安《やす》らかに、君主《くんしゅ》も家臣《かしん》も豊かに楽しく過ごす』。これのどこがいけないんですか？」

徳川サイド「『国家安康』では〝家〟と〝康〟の字が切り離され、『君臣豊楽』には〝豊〟と〝臣〟の字が入っている。つまり！『家康が斬《き》られ（徳川が滅亡して）、豊臣家が繁栄《はんえい》すればいい』っていう、呪いの言葉だろこれ!!」

豊臣サイド「そ、そんな！　言いがかりだぁ!!」

家康&徳川家は、全クレーマーが見習いたいほどの〝いちゃもん〟をぶつけます。

と……

いわれてきたんですが、これ実は、豊臣サイドもかなりやらかしてるんですね。

当時、本名というのは「諱《いみな》」と言って、他人が気軽に呼んだり書いたりしちゃいけないもの。

ましてや、目上の人の諱を軽々しく扱《あつか》うなんて、最高級の失礼です。

（家康は「三河守《みかわのかみ》」「内府《だいふ》」、三成《みつなり》で言えば「治部少輔《じぶしょう》」など、そのときの官職名〈公務員ネーム〉や通称で呼ばれてました）

しかも、この文を考えたお坊さん（清韓《せいかん》）は、

清韓「お祝いのために、(家康さまの) お名前の字を、〝かくし題〟のようにして入れました」(「かくし題」＝和歌などで、物の名前を一見わからないように、句の中に隠《かく》して読み込む技法《ぎほう》)

と言っているので「家康」の字が使われたのは、たまたまなんかじゃありませんし、「家」と「康」の字を切り離したのもわざとやったこと。

「よかれと思って〜」だったにしろ、徳川サイドがブチギレても仕方のないことをやっちまってるんです。

これにあせったのが、豊臣家臣の片桐且元《かたぎりかつもと》さん。家康とのパイプ役をつとめてる彼は、徳川との関係を修復させるため、

1. 秀頼が大坂城《おおさかじょう》を明け渡して、違う城に移る。
2. 淀殿が江戸に人質《ひとじち》に行く。
3. 秀頼が江戸に行って幕府の支配の下に入る。

という3つの解決策を考え、これのどれかを実行しましょうと、淀殿と秀頼に提案します。

しかし……

淀殿＆秀頼「どれもこれもできるわけねぇーだろ!!」

2人に思いっきり否定された上に、「お前、豊臣を裏切るつもりだろ?」という疑いまでかけられ、身の危険を感じた片桐さんは大坂城を出ていくことに。

これが決定打となります。

家康「パイプ役の片桐を追いつめるってことは、徳川と敵対するってことですよね? 宣戦《せんせん》布告《ふこく》ってことだよな!? よし、全員、大坂に集合だぁー!!」

と、いうことで、『**大坂冬の陣**』が始まったのでした。

家康の号令《ごうれい》によって大坂に集まった兵の数は、約20万にものぼります(諸説《しょせつ》あり)。

一方、味方《みかた》する大名《だいみょう》のいなくなった豊臣家が頼ったのは、牢人《ろうにん》（浪人《ろうにん》）。仕《つか》える家や主人をなくした、言わばフリーター武士たちに声をかけ、約10万の兵が集まりました（諸説あり）。

戦闘が開始されると、まわりの砦《とりで》を次々と落とされ、大坂城はあっという間に徳川の大軍勢《だいぐんぜい》にかこまれます。

が、大坂城の南に「真田丸《さなだまる》」という砦を築いた真田信繁《さなだのぶしげ》の奮戦《ふんせん》によって、徳川軍も大きなダメージを被《こうむ》るんです。

家康「何をボロクソにやられてんだ！　もういい！　大砲用《たいほうよ》ぉー意《い》!!」

守りの堅《かた》い大坂城を直接攻めてはダメだと考えた家康は、国内製・ヨーロッパ製の大砲《たいほう》を、城めがけて放《はな》ちます。

昼も夜もなく連日撃ち込まれた大砲は、あるとき淀殿の部屋を直撃。淀殿の侍女《じじょ》（身分の高い人の身のまわりの世話をする女性）数人が亡くなってしまい、

淀殿「わ、和議《わぎ》（仲直り）を……徳川と和議を結べ！」

両者の間に和平交渉《わへいこうしょう》の場が設けられたんです。

常高院《じょうこういん》（淀殿の妹）「大坂城にいる牢人たちの罪は問わないでいただきたいんです。それに、姉が人質《ひとじち》として江戸に行くのもカンベンです。あと、秀頼様の持ってる土地もそのままで、もし大坂を出ていくことになっても、望みどおりの国を与えてくださらないかしら」

阿茶局《あちゃのつぼね》（家康の側室《そくしつ》）「オッケーです。では、こちらからも。大坂城は、二《に》の丸《まる》と三《さん》の丸《まる》（お城のエリア）の堀《ほり》まで全部を埋《う》める……というのは大丈夫ですね？」

常高院「オッケーです」

これで話がまとまり、『大坂の陣』は終了……
とはなりません。

家康「ちょちょ、ちょ、ちょ、ちょっと待って豊臣さーん！　埋め立てた堀を掘り返してるそうじゃないの！　しかもまだ牢人たち解《かい》雇《こ》してないんでしょ⁉　ていうより、さらに増やそうとしてるって聞いたよ⁉　なに？　またうちらと戦う気⁉」

豊臣家「いや、それは……その……（戦うつもりなのはそっちだろ！）」

家康「戦う意思がないんだったら、牢人を解雇して、秀頼くんにも大坂城を出て行ってもらえるかな？」

豊臣家「あ、それはムリです」

家康「よしわかった、全員大坂に集合だぁー‼」

『大坂夏の陣』が始まります。
再び切って落とされた戦いの火蓋《ひぶた》。
ですが、堀を埋められ、防御力《ぼうぎょりょく》がゼロに近くなった大坂城にいても、勝てる見込みはありません。

豊臣家臣（大野治長《おおのはるなが》・治房《はるふさ》、木村重成《きむらしげなり》など）や**大坂五人衆**《おおさかごにんしゅう》（真田信繁《さなだのぶしげ》、毛利勝永《もうりかつなが》、後藤基次《ごとうもとつぐ》、明《あか》石全登《したけのり》、長宗我部盛親《ちょうそかべもりちか》）を中心《ちゅうしん》とした豊臣軍《とよとみぐん》は、城の外に出て戦うことを決断《けつだん》します。

が、
敵の勢いを止めることはできませんでした。
大坂城に向けて進撃《しんげき》する徳川の**伊達政宗隊**《だてまさむねたい》や**井**《い》**伊直孝隊**《いなおたかたい》を前に、豊臣勢は後藤基次、木村重成といった主力の武将が討たれます。
そして、大坂城まで数キロに迫った天王寺《てんのうじ》・岡《おか》山《やま》の地。
ここが、徳川と豊臣の最終決戦の舞台となるのでした。

真田信繁「天王寺に徳川の軍勢を引きつけ、ここを主戦場とする！」

毛利勝永「その間に明石隊が敵の背後《はいご》にまわり込み、徳川軍を挟撃《きょうげき》（はさみ撃ち）するんだ！」

豊臣軍が用意した起死回生《きしかいせい》の策《さく》。

しかし、作戦の合図《あいず》を待たず、先鋒《せんぽう》の部隊の間で銃撃戦《じゅうげきせん》が始まってしまい、

信繁「ダメだ！　まだその時じゃない！」

信繁と勝永は戦闘《せんとう》を中止させようとしますが、発砲《はっぽう》の音は途切《とぎ》れるどころか、ますます大きなものへと発展していき、誰の筋書《すじが》きにもなかった形で最後の戦いが始まります。

水泡《すいほう》に帰《き》した豊臣軍の計画。作戦を捨て去った信繁や勝永の取った行動は、**突撃《とつげき》です。**

勝永は、徳川のあらゆる部隊に猛攻《もうこう》を加え、いくつもの隊を壊滅《かいめつ》に追い込みます。

信繁は、家康の本陣《ほんじん》にまで迫《せま》り、三度の突撃を重ねて、家康たちに死の恐怖《きょうふ》を与えます。

ですが、兵力の差を覆《くつがえ》すことはできません。

何度突撃を繰《く》り返しても、ぶ厚い兵の壁《かべ》に阻《はば》まれた信繁。次第にその数を減らした真田隊は力尽き撤退《てったい》し、その後、信繁は討死《うちじに》します。

味方の劣勢《れっせい》を悟《さと》った勝永は、豊臣全軍を引き連れ、大坂城に退却《たいきゃく》しますが、裸同然《はだかどうぜん》となった城に、徳川の襲撃をおさえる力は残っていませんでした。

さらに、徳川に寝返《ねがえ》った者の手によって城に火がつけられ、大坂城は炎上します。

その翌日。

豊臣秀頼と淀殿は自害《じがい》したのでした。

豊臣家が滅亡し、徳川の世を完成させることになった戦い、
それが『大坂の陣』です。

おわりに

よくぞここまで。

本を手に取っていただいただけでも嬉《うれ》しいのに、最後まで読んでいただき、こうして【おわりに】を読んでくださってることに、心よりお礼申し上げます。

本編《ほんぺん》ぶっ飛ばして、ここだけ読んでいたとしても、それなりに感謝します。

さて、【はじめに】でも触《ふ》れた、なぜタイトルが「13歳」かという話ですね。

いろんな人に読んでほしいけど「小学生や中学生にも届いて」と願いをこめて書いたこの本。そんな想いを編集の袖山さんとも話しながら、タイトルを決める段階になったときのことです。

袖山さんからいただいた候補《こうほ》の中に「13歳になったら～」というタイトルがあって、それがやけに気になったんですね。

なぜあのとき「13歳」にひっかかりを覚えたのか。

13歳といえば、中学校に入学する年齢です。人間関係が広がり、これまでになかった、喜び、戸惑《とまど》い、達成感《たっせいかん》、挫折《ざせつ》、様々な角度の感情を知ることになった……ように記憶してるんです僕自身は。

大げさかもしれませんが、哲学とかアイデンティティといった、自分なりの考えが作り上げられていく10代の時期。自己形成はもっと前から始まってるんでしょうが、そこに拍車がかかるのが13歳……くらいだったなと僕は。

でね、「猛《もう》スピードで自分を形成し始める時期」が、仮に13歳くらいだとしたら、僕はそこに反応していたんだと思います。大人へのスタートを切った、そこに立ち会いたかったんです。

未来へ活《い》かすため、〝早めに〟歴史の流れを知っておくのはいかが？　この想いの象徴《しょうちょう》が「13歳」という数字になって現れたんですね。

今ここまで書いてみて、僕の行動がジャンルで言えば「超絶《ちょうぜつ》なおせっかい」に入ることに気づきました。

しかし、やっちゃったもんは仕方ありません。もう最後までそれを通すため、おじさんから10代に向けて、おせっかいなメッセージで締《し》めくくりたいと思います。

この本を読んでくれて、ありがとうございます。本当に、とっても嬉しいです。

もしかすると難しい言葉や、聞きなれない単語が出てきたかもしれませんね。それは本当にごめんなさいだけど、ぜひ自分で調べてみてください。みなさんの検索能《けんさくのう》力《りょく》に期待してます。

あと、何度か「個人的意見」みたいなのが出てきたと思うけど、あれは僕の思っていることです。正しいとか正解とか、そんなのじゃありません。あなたは、あなたの思ったとおりの受け止め方をしてくださいね。

ところで、歴史を学ぶときって、覚えることがいっぱいありますよね。人の名前だったり、出来事の名前だったり、歴史用語だったり。

教科書に載《の》ってる用語は、どれもこれも重要なものばかりで、絶対に知っておいた方がいい。これは確かです。

ただ、人物名や出来事をバラバラに暗記する……これはまったく意味がありません。

かと言って、「織田《おだ》信長《のぶなが》の亡くなった事件＝本能寺《ほんのうじ》の変《へん》」みたいに、セットで覚えておけばオッケー、というわけでもありません。

登場人物はどんな人なのか。

その人たちの間に何があったのか。

そのあとどんな行動をとったのか。

そういうストーリーを知って初めて、歴史を学ぶ意味が出てきます。

テストや受験で大切なのは暗記かもしれません。でも、大人になったとき活きてくるのは、無意味に覚えた歴史用語なんかじゃありません。

すっごく極端《きょくたん》な話をすると……出来事の名前や人物名を忘れちゃったとしても、中身をスラスラ説明できる方が大切です。

いや、名前も用語も大切なんですよ、ホントに。大切なんだけど、あなたの未来に役立つのは、ストーリーを知っておく方だと思うんです。

またもや極端な話をすると……


意味もわからず覚えた100個の歴史用語より、意味を深く理解した1個の歴史ストーリーの方が大切です。


もちろん、そっちの方が、あなたの未来の助けとなるからです。

何度も同じことの繰《く》り返しになるかもしれませんが、**あなたの〝これから〟のために歴史はあります。**

歴史から学んだあなたの考えを、どうかまわりの人のために役立ててください。

あなたとあなたのまわりの人に、たくさんの幸せが訪れることを心から願っています。

そして、今あなたの目には僕が「優《やさ》しいことを言うおじさん」のように映ってるかもしれませんが、だまされないでください。

何十年後、僕がおじいちゃんになったとき、これを読んでるあなたが「あのときお世話になりました！　お酒でもおごりますよ！」って言ってくれる未来を期待してるんです。もう一回言っときます。期待してます。

そのときは、いっぱいお話ししましょうね。

本書を読んでいただいたすべての方へ。

本当にありがとうございました。またお会いしましょう。

２０２０年　秋

房野《ぼうの》史典《ふみのり》

［参考文献］

《書籍》

『図説　明智光秀』　柴 裕之 編著／戎光祥出版
『信長研究の最前線　ここまでわかった「革新者」の実像』　日本史史料研究会 編／洋泉社歴史新書y
『信長研究の最前線2　まだまだ未解明な「革新者」の実像』　日本史史料研究会 監修　渡邊大門 編／洋泉社歴史新書y
『秀吉研究の最前線　ここまでわかった「天下人」の実像』日本史史料研究会 編／洋泉社歴史新書y
『家康研究の最前線　ここまでわかった「東照神君」の実像』日本史史料研究会 監修　平野明夫 編／洋泉社歴史新書y
『織田信長　不器用すぎた天下人』　金子 拓／河出書房新社
『現代語訳　信長公記』　太田牛一 著　中川太古 訳／中経出版新人物文庫
『徳川家康　境界の領主から天下人へ（中世から近世へ）』　柴 裕之／平凡社
『徳川家康大全』　小和田哲男／KKロングセラーズ
『明智光秀と本能寺の変』　小和田哲男／PHP文庫
『黒田官兵衛　作られた軍師像』　渡邊大門／講談社現代新書
『秀吉の虚像と実像』　堀 新　井上泰至 編／笠間書院
『秀吉神話をくつがえす』　藤田達生／講談社現代新書
『天下統一　信長と秀吉が成し遂げた「革命」』　藤田達生 著／中公新書
『信長の城』　千田嘉博／岩波新書

『戦国誕生　中世日本が終焉するとき』　渡邊大門／講談社現代新書
『豊臣政権の法と朝鮮出兵』　三鬼清一郎／青史出版
『兵農分離はあったのか（中世から近世へ）』　平井上総／平凡社
『関ヶ原合戦　家康の戦略と幕藩体制』　笠谷和比古／講談社学術文庫
『戦争の日本史17　関ヶ原合戦と大坂の陣』　笠谷和比古／吉川弘文館
『新解釈　関ヶ原合戦の真実　脚色された天下分け目の戦い』　白峰 旬／宮帯出版社
『関ヶ原前夜　西軍大名たちの戦い』　光成準治／角川ソフィア文庫
『陰謀の日本中世史』　呉座勇一／角川新書
『大坂落城　戦国終焉の舞台』　渡邊大門／角川選書
『信玄の戦略』　柴辻俊六／中公新書
『長篠の戦い　信長の勝因・勝頼の敗因』　藤本正行／洋泉社歴史新書y
『信長家臣明智光秀』　金子拓／平凡社新書
『歴史人　2012年2月号　戦国十大合戦の謎』／KKベストセラーズ

《論文》

「唐入り（文禄の役）における加藤清正の動向」　中野 等／九州文化史研究所紀要
「ほらの達人 秀吉・『中国大返し』考」　服部英雄／九州大学附属図書館九大コレクション
「豊臣七将襲撃事件（慶長4年閏3月）は「武装襲撃事件」ではなく単なる「訴訟騒動」である：フィクションとしての豊臣七将襲撃事件」　白峰 旬／史学論叢

本書は、幻冬舎の読み物サイト「幻冬舎plus」において「13歳のきみと、戦国時代の『戦』の話をしよう」のタイトルで2020年6月から10月まで連載したものを、大幅に加筆・修正した。

ブックデザイン　水戸部 功
イラスト　はしゃ

房野史典（ぼうの・ふみのり）
1980年岡山県生まれ。名古屋学院大学卒業。お笑いコンビ「ブロードキャスト!!」のツッコミ担当。無類の戦国武将好きで、歴史好き芸人ユニット「ロクモンジャー」を結成し、歴史活動にも意欲的。子供たちに歴史の面白さを教える授業も好評。初の著書『笑って泣いてドラマチックに学ぶ　超現代語訳 戦国時代』で、ブレイク！　他に『笑えて、泣けて、するする頭に入る 超現代語訳 幕末物語』『時空を超えて面白い！ 戦国武将の超絶カッコいい話』などの著書あり。

13歳のきみと、戦国時代の「戦」の話をしよう。

二〇二〇年十月二十日　第一刷発行
二〇二四年九月三十日　第十刷発行

著者　房野史典
発行人　見城 徹
編集人　菊地朱雅子
編集者　袖山満一子
発行所　株式会社 幻冬舎
〒一五一-〇〇五一
東京都渋谷区千駄ヶ谷四-九-七
電話　〇三-五四一一-六二一一［編集］
〇三-五四一一-六二二二［営業］
公式HP：https://www.gentosha.co.jp/
印刷・製本所　株式会社 光邦

検印廃止

ISBN978-4-344-03689-5 C0095
この本に関するご意見・ご感想は、下記アンケートフォームからお寄せください。
https://www.gentosha.co.jp/e/